중국 종교의 역사

도교에서 파룬궁까지

차례
Contents

개관

종교, 신종교, 사교는 어떻게 다른가?

흔히 종교라 하면 신, 교회, 절, 스님, 목사, 교황 등을 떠올리지만 '종교란 무엇인가?'라는 물음에 대한 명쾌한 정의를 내리기는 결코 쉬운 일이 아니다. 그러나 우리는 '종교'라고 부르는 일련의 집단들로부터 공통적인 특징을 찾을 수 있다. 즉, 일반적으로 종교의 구성요소에는 ①초자연적인 힘·초인간적인 힘·신에 대한 숭배를 핵심으로 하는 신앙체계, 즉 종교 신앙, ②특정한 실천활동, 즉 종교 의식儀式, ③특정한 감정과 체험, 즉 종교 경험, ④종교 단체와 종교 조직이 포함된다. 특히 그중에서도 ①과 ③은 다른 사회조직에서 찾아볼 수 없는, 종교만이 가지고 있는 독특한 것이라 할 수 있다.

이러한 특징을 기독교와 유교의 종교성 여부에 대해 적용시켜 보자. 기독교는 하나님·예수님이라는 숭배의 대상이 있으며, 예배·부활절·세례식 등의 종교의식이 있고, 간증이라는 것과 같은 종교적 체험을 가지고 있으며, 교회당에서 예배를 행하는 집단과 '대한 예수교 장로회' '대한 기독교 감리회' 그리고 한 교회 내에서의 '목사-장로-권사-집사'라는 식의 조직적 형태를 띠고 있다. 반면에 유교는 초월적인 숭배의 대상이 없고 단지 '공자'를 중심으로 하는 대유학자에 대한 존경심만이 있다. 아울러 개인의 종교체험 역시 없다고 볼 수 있다. 이에 유교를 종교로 간주하지 않고 하나의 학문체계나 윤리체계로 간주하는 게 일반적인 견해이다.

그러면 '신종교'란 무엇인가? 신종교란 간단히 말하자면 앞에서 언급한 종교적 특성을 가지면서도 '전통종교와 다른 종교교리와 종교의식을 가진 종교단체나 종교운동'을 가리킨다. 따라서 신종교는 새로운 종교진리를 가지고 있지만, 전통종교와 다른 독특한 교의를 갖고 있다. 이러한 새로운 교의는 교주가 신으로부터 직접 받은 것으로 여겨지며, 교주는 때로는 신격화되거나 신의 매개체(대리자)가 되어 신도들의 숭배의 대상이 된다.

그렇다면 이러한 신종교와 사교는 무엇이 다른가? 사교는 신종교 중에서 신도와 무고한 민중의 생명과 재산에 손실을 가져오고 심각하게 사회질서를 위협할 뿐만 아니라, 법률에

위배되며 인성人性을 파괴시키는 사건을 만들어 내는 극단적 개별 종교집단을 말한다. 그러나 신종교와 사교를 구분하는 기준이 애매하기 때문에 항상 논란의 문제가 되고 있다. 이 글의 마지막 부분에서 살펴볼 파룬궁(法輪功) 역시 중국 정부와 이러한 문제로 대립하고 있다.

중국 5대 종교의 형성 배경

공산당이 이끄는 사회주의체제를 표방하는 현대 중국은 원칙적으로는 종교를 부인하고 있으나 현 역사단계에서는 부득불 존재할 수밖에 없다고 간주한다. 특히 공산당이 인정하는 종교는 도교·불교·이슬람교·천주교·기독교로서 흔히 '5대 종교'라고 일컫는다. 이 5대 종교에서 도교만이 중국 본토에서 형성된 것이고, 나머지는 모두 외부로부터 수입된 종교이다. 비록 도교가 중국 본토에서 자생된 것이라 할지라도, 그 형성 시기는 기원전 2년의 불교보다 약 200년이 늦은 2세기경이다. 그 다음으로 천주교와 이슬람교가 당나라 시기인 7세기 무렵이고, 기독교가 가장 늦은 19세기 무렵이다. 여기서 천주교와 기독교는 하나의 종교에서 루터의 종교개혁(1517)으로 인해 분리되었음은 주지의 사실이다.

중국의 5대 종교는 대부분 기원 이후에 형성되었다. 그러면 유구한 역사를 가진 중국에서 그 이전에는 종교가 없었단 말인가? 역사적 사료에 근거해 볼 때 확실한 것은, 종교적 형태를 가진 조직과 집단은 없었다는 점이다. 그러나 중국에서는 춘추전국시대의 제자백가사상 이외에도 그 이전부터 중국인의 마음을 지배하던 '중화사상中華思想'이 있었다. 중화사상 역시 '하늘(天)'을 섬기고 있음을 보여주고 있다는 면에서 종교성이 강함을 알 수 있는데, 그 핵심내용은 '천'으로부터 명령을 하달 받는 하늘의 아들로서 '천자天子'만이 '세상(天下)'을 지배해야 한다는 논리이다. 즉, '천→천명→천자→천하'의 세계관을 가진 것이 중화사상이며 중국의 황제가 천자의 지위를 얻을 수 있었다. 이러한 중화사상은 춘추전국시대 제자백가사상에 의해 여러 가지 형태로 나타났으나, 결국에는 유교의 천天사상과 결합하면서 종교적 색채보다는 정치적 색채를 강하게 띠게 되었다.

이러한 상황하에서 각 종교가 유입되었고 각각의 종교들은 일반적으로 '형성기→흥성기→쇠퇴기→부흥기'를 반복하면서 중국의 주요 종교로서 자리 잡게 되었다. 이러한 흐름은 전통시대에 있어서만큼은 중국황실과 밀접한 관련이 있다. 이는 기록문화가 평민보다는 지식인을 중심으로 하는 당시의 정치 엘리트에 집중되었기 때문일 것이다.

현대 사회주의 중국의 종교관과 종교정책

종교적 고통은 눈에 보이는 현실적 고통인 동시에 현실적 고통에 대항하는 행위이다. 종교는 억압받는 민중의 한

숨이고, 냉혹한 세상의 심장이며, 영혼 없는 사회의 영혼이자, 민중의 아편이다. (중략) 지금의 상황에서 환상을 포기하라는 것은, 환상을 필요로 하는 현실을 잊으라고 요구하는 것과 같은 것이다.

마르크스의 종교관을 대표하는 유명한 말이다. 마르크스는 종교를 봉건주의와 부르주아 계급의 유물로 보았다. 종교는 지배계급이 대중을 지배하고 착취하는 도구로서, 이 사회에서 법과 질서를 잘 지키면서 살면 사후 세계에서도 잘 살 수 있다는 약속을 해주는 '민중의 아편'이다. 이 법과 질서는 자본가와 지배계급이 만든 것으로, 그들의 재산과 다른 이권을 수호하는 도구에 불과하다. 사회주의가 자본주의를 대신함으로써 착취 사회에서의 민중의 고난이 사라짐에 따라, 마르크스는 다른 세계에서의 보상에 대한 약속이 더 이상 필요하지 않다고 생각하였다. 즉, 공산당이 이끄는 사회주의체제하에서는 종교가 무의미하다는 것이다.

이러한 마르크스 사상을 이어받은 중국 공산당도 종교를 '봉건시대의 착취의 잔재'라고 보았다. 즉, 종교는 대내적으로는 가난하고 무지한 중국 인민들의 운명을 좌우하는 도구 중의 하나였고, 대외적으로는 외국 자본가들이 선교사들과 연계하여 중국을 착취하는 데 필요한 도구의 하나였다.

이와 같이 사회주의 국가로서 중국은 기본적으로 종교에 대해 부정적이었으나, 현실적으로 존재할 수밖에 없는 종교를 제도적 틀 내에서 인정하지 않을 수 없었다. 이는 당시 중국 공산당이 처한 상황과 밀접한 관련이 있다. 공산당 창당(1921) 이후 공산당은 끊임없이 국민당, 서구제국주의, 일본제국주의와 대립관계에 있었다. 중국공산당은 이러한 적을 가장 큰 적(主敵)과 그 다음의 적(次敵)으로 구별하여 적에도 대응하는 순서가 있다고 여겼다. 따라서 비록 적이라 할지라도 더 큰 적 앞에서는 서로 연합해야 한다고 강조하였다. 그래야 큰 적을 무너뜨릴 수 있는 힘이 생기기 때문이다. 이를 '통일전선전술'이라고 한다. 결국 당시의 종교 역시 차적에 불과했기 때문에, 부정적인 요소임에도 불구하고 인정될 수 있었던 것이다.

그러나 중화인민공화국 성립(1949) 이후 종교는 최고지도자의 지도이념에 따라 주적이 되기도 하고 차적이 되기도 했다. 중국에서의 종교정책은 크게 개혁개방(1978) 전후의 두 시기로 나누어 설명할 수 있다. 개혁 이전 마오쩌둥(毛澤東) 시기가 종교에 대한 통제정책 심지어 소멸정책을 기조로 했다면, 덩샤오핑(鄧小平) 시기의 개혁노선하에서는 관용정책을 실시하였다고 할 수 있다. 여기서 '관용정책'이라고 하는 것은 통일전선전술상의 주적이 아님을 의미할 뿐, 종교 활동 자체에 대한 관용은 아니다.

혁명성공 이후 이전의 주적이 없어짐에 따라 중국공산당의 종교에 대한 길들이기가 시작되었다. 곧 기존의 각 종교단체들을 해체하고 사회주의제도하에 재조직하는 작업이 추진되었다. 1949년 토지개혁법 공포에 따라 각 종교단체의 토지는 국유로 몰수되었고, 1950년에는 '자치自治·자전自傳·자양自養'이라는 소위 '삼자애국운동三自愛國運動'을 전개하여 신부·수녀·목사 등 종교인을 구금하였으며, 교회·성당·수도원 등이 폐쇄되고 종교서적의 간행이 금지되었다. 이와 동시에 일부 국가정책에 호응하는 종교인을 중심으로 국가에서 인정하는 새로운 종교단체들을 조직하였다. 사회주의 이념이 최고조에 달했던 문화대혁명 시기에는 종교인에 대한 박해와 종교 활동에 대한 철저한 탄압을 실시하였다. 단적인 예로 각 지방에서 '무종교현無宗敎縣 건설' '무종교구無宗敎區 건설' 등의 구호하에 종교가 소멸된 공산주의 사회의 실현을 위해 종교에 대한 전면적인 파괴활동을 전개하였다. 이 시기는 그야말로 '중국 종교의 수난시대'라고 표현할 수 있다.

마오쩌둥이 사망하고(1976) 덩샤오핑 시대가 도래하였다. 덩샤오핑은 마오쩌둥과 달리, 당시 사회의 최고 모순을 계급투쟁이 아닌 생산력의 낙후로 보았다. 따라서 종교는 다시 중국공산당에 있어서는 가장 중요한 문제가 되지 못했다. 즉, 경제발전이 최고의 문제가 된 것이다. 이에 기존의 종교정책에 변화가 일어났다. 중국공산당은 종교를 다음과 같이 간주하였다. "인류 역사에 있어서 종교는 언젠가는 소멸될 것이다. 그러나 사회주의나 공산주의의 장기간에 걸친 발전을 통하여 모든 객관적 조건이 구비되었을 때에만 비로소 자연 소멸되는 것이다. (중략) 사회주의 제도의 건립과 경제문화의 일정 정도의 발전에 따라 종교가 곧 소멸될 것이라는 생각은 현실적인 것이 아니다." 이는 기본적으로 제한된 범위 내에서 종교에 대한 관용정책이 이루어졌음을 의미한다. 그러나 종교정책의 변화는 중국의 종교 활동을 그 이전보다 활성화시키는 계기가 되었다. 개혁개방정책이 심화될수록 불교·도교·이슬람교·천주교·기독교의 종교 활동 역시 활성화되었으며, 급기야는 파룬궁과 같은 새로운 유형의 신종교를 배태하기까지 하였다.

이렇듯 사회주의체제하에서도 전통종교의 활성화와 심지어 신종교가 생성되고 있다. 다시 이전과 같은 종교에 대한 탄압이 없다고 단정 지을 순 없겠지만 그 가능성은 아주 희박해 보인다. 오히려 종교가 사회변동을 일으키는 주체가 될 가능성이 더 높아 보인다. 이러한 면 역시 우리가 다시 중국의 종교에 관심을 가져야 하는 이유 중 하나일 것이다.

도교

도교의 사상적 기원

도교는 중국의 5대 종교 중 유일하게 중국에서 발원한 것이며 중국인이 창립한 종교로, 흔히 중국인은 '본토종교本土宗教'라고 부른다.

도교의 형성시기는 일반적으로 2세기로 본다. 중국 상고시대의 '무술巫術', 진한시대의 '신선방술', 전국시대에 시작하여 전한시대에 형성된 '황노도학黃老道學'은 초기 도교의 사상적 연원이라 할 수 있다.

먼저 무술에 관해서는, 고대부터 무녀들은 자신의 영혼을 신들에게 보내어 신과 교통했다고 한다. 무녀들은 신의 옷을 입고 여러 가지 수단으로 무아지경에 빠져들어 신의 대변자 역할을 하였다. 그중에서 가장 잘 알려진 것은 『구가九歌』라는 고대 시선집에 묘사되어 있듯이, 북소리와 피리소리에 맞추어 점점 빠르게 춤을 추는 것이었다. 이때 무녀가 흥분된 어조로 말하고 행동하는 것은 신의 말과 행동으로 간주되었다. 이러한 현상은 현대를 살아가는 우리에게도 익숙한 것이다. 현대 무술인이 '굿'을 할 때의 모습과 같은 것이다.

다음으로 신선방술에 관해서 살펴보면, 중국 고대의 역사에 관한 한 가장 신뢰할 수 있는 『사기史記』의 「봉선서封禪書」에서 기원전 3·4세기경 발해 연안에 위치한 "제齊와 연燕에서는 제후들이 동해에 있다고 전해지던 3개의 신산神山(영주·방장·봉래)에 사람을 보내 선약仙藥을 구하려고 했다"는 것과 함께 당시 "제후들 가운데 신선설에 마음을 기울이지 않는 자가 없었다"라고 기록하고 있다. 이는 진시황秦始皇(B.C. 259~B.C. 210)이 방사 서복徐福으로 하여금 수천 명의 남녀를 데리고 동해로 가게 해 불로초를 구하게 했다는 유명한 사건 이전에 이미 신선설이 다양한 형태로 전해져 왔음을 알 수 있다.

황노사상은 매우 다채로운 성격을 드러내고 있다. 전국시대 말기에 최초로 나타난 '황노'는 청정무위를 존숭하는 정치기술로서 '백성을 안집安集'하는 이른바 '황노술'이었는데, 전한 말에서 후한으로 넘어가면서 '황노의 학', 즉 처세철학을 설하는 황제黃帝와 노자老子의 도가철학이 되었고, 더 나아가서 '황노의 말씀', 즉 신선을 받들어 불로불사하기 위한 방술을 설하는 신선으로서의 황노의 관념이 생겨났다.

이상의 무술·신선방술·황노도학을 기반으로 한漢 시기에 초기 도교의 모습을 갖춘 종교조직이 형성되었다.

도교 교단의 형성과 발전

도교의 발전과정은 형성기, 흥성기, 쇠퇴기로 나눌 수 있다. 먼저 도교발전의 제1단계인 도교형성기는 후한시기의 오두미도와 태평도 교단 성립부터 체계적인 교리와 조직을 갖추게 되는 위진 시대까지이다.

도교가 처음 창성될 때의 중요한 유파는 오두미도五斗米道와 태평도太平道로 나뉘는데, 교의가 간단하고 조직이 단순하여 '원시도교'로 불린다. 이 시기 도교의 중요한 특징은 민간에서 신도를 확장시키고 적극적으로 세력을 모았으며, 심지어 통치자의 포악무도함을 이용하여 민중기의를 일으키는 데 중점을 두었다는 것이다.

일반적으로 도교의 창시자를 장릉張陵(34~156)으로 간주한다. 후한 순제順帝(126~144) 때, 장릉이 사천四川에서 오두미도를 세워 '천사도天師道'라 불렀고, 노자老子를 교조로 받들고 『노자오천문老子五千文』(『도덕경道德經』으로 많이 알려져 있음)을 경전으로 하였는데, 이것이 도교의 초보적 형성을 보여주고 있다. 도교에서 숭배하는 '태상노군太上老君'은 『노자오천문』의 고대의 대철학자인 노자를 신비화한 것이다.

장릉에 의해서 세워진 오두미도 교단은 2대 장형張衡, 3대 장로張魯를 거치면서 약 20여 년간 섬서陝西에서 사천지방에 이르는 지역에 종교와 정치 및 군사 등의 지배권을 가지고 종교왕국을 구축했다. 이 교단의 교법은 장로 때 완성되었는데, 즉 '신자에게 『노자오천문老子五千文』을 통독시키고 환자가 있으면 조용한 방에서 그때까지 범했던 죄과를 고백하게 해' 신에게 용서를 구하게 한 다음 천天·지地·수水 삼관三官에게 세 통의 참회문을 바쳐서 신들에게 서약하게 하는 이른바 '삼관수서三官手書'를 행해 많은 신자들을 모았다. 이렇게 해서 광대해진 지배 지역을 24개의 지역으로 나누고 신도를 귀졸鬼卒, 귀리鬼吏, 간령姦令, 좨주(祭酒)[1]로 나누는 식으로 교단의 조직화를 꾀하여, 정치적으로 매우 혼란스러웠던 후한 말에 세력을 구축했다.

오두미도보다 약간 늦은 시기인 후한 영제靈帝 희평熹平(172~178) 연간에 태평도 역시 형성되었는데, 태평도의 교법은 산동 출신인 간길干吉 ─ 우길于吉이라고도 함 ─ 이 터득한 『태평청령서太平淸領書』에 기초하고 있다. 『후한서』의 「황보숭전皇甫嵩傳」의 기록에 의하면 장각張角(?~184)은 스스로 대현량사라고 칭하고 '황노의 도'를 받들어서 제자를 양육하고 교단을 통솔했는데, 인간의 병고의 원인을 당사자의 죄과에 두고 그것을 참회·고백하게 했다. 그리고 더 나아가서는 영력이 있는 부수符水와 주술을 사용하여 병을 치료하는 새로운 교법을 만들었는데, 이것이 큰 효력을 발휘하여 불과 10여 년 만에 수십만 명을 신자로 만드는 데 성공했다. 그래서 화북 일대의 사람들 중에 태평도의 교법에 휩쓸리지 않은 사람이 없을 정도였다.

반란을 일으키면서 그들은 모두 황건을 쓰고 "창천蒼天(후한을 가리킴)은 이미 죽었다. 황천黃天이 곧 수립된다. 갑자년(184), 지금이야말로 그 혁명을 성취할 때이다"라고 부르짖음으로써 혁명의 정당성과 필연성을 피력하였지만, 결국 관군에 의해 진압되면서 그 세력은 점점 쇠퇴하기 시작하였다.

이후 위진魏晉 시기 북중국을 차지하고 있던 흉노세력에 이어서 서북쪽에 있던 많은 민족들이 화북으로 침입하여 중국은 이른바 오호십육국五胡十六國(304~439)의 전란시대로 돌입하게 된다. 이때 진이 강남으로 남하하여 그곳에서 동진왕조로서 재개하게 되는데, 장로의 투항 후 한중에서 위의 업도鄴都(현재의 하남성河南省)로 옮겨갔던 천사도의 간부와 많은 신자들이 동진왕조를 좇아 남하했기 때문에 초기 도교 교단과 천사도의 교법은 이를 계기로 강남지방으로까지 확장되었다.

한편 동진왕조를 따라 남하한 북방귀족에 의해서 천사도가 강남 각지에 퍼진 것과는 대조적으로 나머지 북방의 도교는 오호의 지배 속에서도 그대로 북방에 머물고 있었다. 이로 인해 도교는 두 가지 방향으로 발전하였다. 하나는 초기 도교를 따라 지속적으로 민간에서 발전한 것으로 남방의 도교이고, 다른 하나는 도교를 상층부로 끌어올려 합법적 지위를 얻은 북방도교로 이는 후에 도교발전의 주류가 된다.

동진東晉(317~419)시기 갈홍葛洪(283~343)이 편찬한『포박자抱朴子』의「내편內篇」은 전국시대 이후의 신선방술이론에 대해서 비교적 체계적으로 정리하였으며, 유교의 강상명교三綱五常 – 삼강오상三綱五常, 즉 인간이 지켜야 할 도리 – 의 흡수를 주장하여 도교사상을 풍부하게 하였다.

초기의 신선사상을 집대성해서 도교교학을 처음으로 체계화한 갈홍은『포박자』의「내편」에서 신선이 실재함을 역설하고, 신선이 되기 위한 선약 제조법과 복용법 및 기타 장생을 가능하게 하는 보조적인 선술仙術을 20권에 걸쳐 상술하였다.

『포박자』에서 설한 선약의 특색은 이른바 금단술金丹術로서, 이것은 환단還丹·금액金液의 약법으로 되어 있다. 환단이라는 것은 단사丹砂라고 부르는 주황색의 유화수은硫化水銀을 가열시킨 후 건조하여 만든 은색의 수은으로서, 유황과 화합하게 되면 다시 유화수은이 되는 환원적인 성질을 갖고 있어서 환단이라고 한다.

반면 금액이라는 것은 금이 높은 열로 인해 액화되더라도 다시 굳어지면 아름다운 광택을 영구히 잃지 않는 불변의 성질을 갖고 있는 것을 말하는 것이다. 이 환원과 불변이라는 특성을 갖춘 두 개의 물질을 인체에 작용시켜서 육체의 노화를 방지하고 불로불사로 생명을 보존한다는 것이 바로 금단술이다.

도교의 흥성기: 도교의 국교화

다음으로 도교발전의 제2단계인 흥성기이다. 이 시기는 도교가 처음으로 국교화되는 북조시기부터 통일적인 교단을 갖게 되는 당 시기까지이다.

북조北朝 시기에는 구겸지寇謙之(365~448)가 도교를 숭상한 위魏 태무제太武帝의 지지하에 "도교를 깨끗이 정리하고 삼장 – 장릉, 장형, 장로를 가리킴 – 의 위법僞法을 없앤다"는 명분하에 전통시대의 '예교'를 주요 내용으로 하고 '연단'을 주요 형식으로 하는 새로운 교의인 '북천사도北天師道'를 만들었다.

구겸지는 시광始光 원년(424)에 전수받은 경전들을 태무제에게 헌상한 뒤 태무제의 존경을 받아 북천사도를 북위정권의 국교로 만들었다. 태무제는 우선 구겸지를 군국軍國의 스승으로 하고 숭산의 도사 40명을 도읍지로 맞이하여 태상노군으로부터 받은 신계新誡에 따라 천사도량을 마련하고, 조정에 불러들여 군사 고문의 직을 맡겼다. 그뿐 아니라 태무제는 구겸지의 청에 따라 440년을 태평진군 원년으로 개칭하고 스스로 천사도량의 도단道壇에 나아가 부록符籙(먹으로 쓴 부적)을 받았으며, 이 의식을 황제 즉위 때 반드시 해야 될 의례로서 정착시켰다. 이때 북위의 황제가 받은 부록은 태상노군이 목토궁주牧土宮主 이보문을 통해서 태무제가 광한광토廣漢廣土, 즉 중국을 다스리는 황제로서의 정통적인 자격이 있다는 것을 보증

하는 것으로서, 이로 인해 도교는 북위에서 국교로서의 지위를 확립하게 되었다.

도교가 공식적으로 국가종교가 된 후 북위의 전 지역에 100명 정도의 도사가 있는 도단이 설치되고 도교 일변도의 정책이 진행되었던 바, 태평진군 23년(446)에 중국 최초의 폐불칙령이 발포되어 불교에 대한 전국적인 탄압이 전개되었다. 그러나 구겸지가 병사하자 불교에 대한 탄압이 중지되고 오히려 불교가 성행함으로써 도교는 쇠퇴하기 시작했다.

북위에서 구겸지에 의해 북천사도가 국가종교로 확립될 즈음, 강남지역에서도 새로운 도교교파가 활동하기 시작하였다. 그 중심이 되었던 것은 송의 육수정陸修靜(406~477)과 양의 도홍경陶弘景(456~536)이다. 육수정은 태시泰始 7년(471)에 최초의 도교경전 목록인 『삼통경서목록三洞經書目錄』을 만들었다. 이 목록은 단순히 기존의 경전류를 망라한 것에 그치지 않고 경전의 전승이나 교파, 학계 등을 계통적으로 정리해 놓았으며, 『도장道藏』에 대한 그의 분류체계인 포괄적인 삼통三洞(통진洞眞·통현洞玄·통신洞神)설은 오늘날까지 채택되고 있다. 이와 아울러 『재계의범齋戒儀范』을 편찬하였는데 이로써 도교 교의이론과 조직형식이 완비되어 '남천사도南天師道'가 형성되었다.

육수정의 삼통설을 계승하여 모산茅山의 상청파上淸派를 중심으로 도교의 교리체계를 삼통사보三洞四輔(사보는 태청太淸·태평太平·태현太玄·정일正一)라는 7부七部의 조직으로 집대성한 이가 바로 도홍경陶弘景이다. 그는 상청교학의 근원이 되는 『진고眞誥』를 교정·편찬하고 더욱이 갈홍의 금단술에 버금가는 새로운 신선술, 즉 내면적인 정신순화에 의해서 도와 합일하고 장생에 이르는 이른바 '수일守一'이라는 선도론을 설한 『등진은결登眞隱訣』을 저술하여 도교의 교학적인 기초를 확립하고 교단조직의 일체화를 향한 기반을 갖추게 하였다. 이처럼 남북조시기의 남북천사도의 형성은 원시 민간 오두미도의 개조적 완성을 보여주는 것이며, 도교가 새로운 발전단계로 진입했음을 보여주는 것이다.

그러나 통일적인 도교교단이라 칭할 수 있는 실체가 완성된 것은 통일정권인 수·당 왕조의 율령체제 아래에서이다. 이연李淵, 즉 당의 고조는 618년 장안長安에서 즉위했는데, 당왕조는 마침 도교의 교조로 되어 있는 노자가 '이李'라는 성을 가지고 있었기 때문에 노자를 당왕조의 선조로 삼아 존숭하였다.

도홍경의 교학을 계승한 왕원지王遠知(530~635)에 대한 태종의 존경은 두터워서 그를 위해 모산에 태평관을 건립했을 정도였다. 그는 일찍이 신천사도의 본거지인 숭산에서 수행한 경험을 가지고 있어 왕원지야말로 남·북 도교를 통합한 당대唐代 도교교단의 최초의 지도자급 인물이라 할 수 있다. 이 왕원지 다음으로 반사정潘師正(594~682), 사마승정司馬承禎(647~735), 이함광李含光(683~769) 등이 상청도를 이끌면서 모산의 상청파는 당대 도교 교학의 중심적인 지위를 차지하게 되었고, 이후에 천사도와 나란히 도교의 주류를 형성하게 되었다.[2] 당조에는 일찍부터 모든 주에 도관이 건립되었으며, 황족·친왕·귀족 등이 기증한 것을 제외하고도 약 2천여 개의 관립도관과 1만 5천여 명의 도사가 있었다. 그러나 도교는 무종의 회창(841~846) 연간에 탄압을 받게 되어 당조의 화려한 국가도교의 명맥은 쇠퇴일로를 걷게 된다.

신도교의 출현

제3단계는 쇠퇴기로서 도교의 국교적 지위를 상실하기 시작한 당말 이후부터 명청 시대까지이다. 여기서 쇠퇴기라는 것은 국교적 지위로부터의 쇠퇴를 의미하는 것이지 도교 자체의 쇠퇴는 아니며, 오히려 그 활동은 끊임없이 이어졌다.

송왕조의 태조인 조광윤趙匡胤은 도교에 대해서 중앙에 좌가도록관左街道錄官을 설치하여 각지에 분산된 도교교단을 재편성하고 지배체제를 통일시키려고 했다. 이후 진종眞宗 시기에 도교가 흥성하게 된다. 진종은 용호산龍虎山에 있는 제24대 장천사를 궁중으로 초빙하는데, 이것은 송조가 상청도뿐만 아니라 천사도와도 밀접한 교류를 가졌음을 의미한다. 그 후 송조의 도교에 대한 심취는 더욱 더 깊어져 진종은 만수전에 역대 천자의 신위를 제사하는 종래의 제도를 확장해서 전국에 만수궁관을 설치하고 천자의 영원한 생명을 기원하도록 하였다. 그 외에 각지의 큰 도관에 유력한 관료를 파견하고 도관에 대한 국가의 보호와 관리를 겸행한 송대 특유의 '제거提擧(특

종사무를 주관하는 벼슬)'의 제도를 시행했다.

북송이 금에 의해 멸망하고 남송이 성립될 시기에 '신도교'라 불리는 교파들이 출현하였다. 신도교 가운데 가장 먼저 성립된 교단은 급현汲縣(지금의 하남성)의 소포진蕭抱珍(?~1166)이 금金 천권天眷(1138~1140)연간에 창립한 태일교太一教이다. 이 교단의 특징은 부적과 기도로 병과 재난을 구제하는 데 있는데, 부적이 지닌 신비스런 영력을 중시하고 있는 점은 신도교에서 확인되는 비주술적인 경향과 약간 어긋나는 면이 있긴 하지만, 민중의 현실적 고뇌를 구제하는 일을 가장 중요한 일로 삼고 있는 점에서 신도교 중의 한 파로 볼 수 있다.

태일교 다음에 나타난 것은 산동의 유덕인劉德仁이 개창한 진대도교眞大道教(1142)이다. 이 교파의 특징은 부약符藥이나 침구를 사용하지 않고 오로지 하늘에 기도만 하여 병을 치료하는 비결을 전하고 있으며, 금단술과 신선설에 대해서도 언급하고 있지 않다는 점이다. 이 교단은 유·불·도 삼교의 기본 교설을 모두 섭렵하는 가르침을 펼쳤다.

그 다음에 출현한 교파는 왕중양王重陽(1112~1170)이 금 대정大定(1161~1189)연간에 함양咸陽(지금의 섬서)에서 개창한 전진교全眞教이다. 이 전진교의 교설은 왕중양이 제자들에게 준 「입교십오론立敎十五論」이라는 교계敎誡 속에 구체적으로 보이는 것 외에는 무슨 까닭인지 체계적으로 정리한 교설을 찾아볼 수 없다. 신자들에게 불교의 『반야경』, 도교의 『도덕경』과 『청정경』, 유교의 『효경』 등을 읽게끔 한 데에서 알 수 있듯이 전진교의 교설은 기본적으로 삼교동원론三教同源論의 입장에 서 있었다. 아울러 전란에서 죽은 사자의 명복을 비는 재초齋醮 이외에, 옛 도교가 갖고 있던 부적이나 금주禁呪 등의 미신적인 구복신앙을 배제하고 오로지 타좌打坐만을 주로 하는 엄격한 내면 수행을 강조했다. 즉, 불로불사의 신선을 추구하는 것도 아니고 오직 내면적인 수련을 의미하는 '진공眞功'과 외면적인 이타의 실천을 의미하는 '진행眞行'에 의해 궁극의 실재인 도와 합일하는 종교적인 실천을 주장했다.

명대에 이르러 명 태조는 즉위 후 바로 도교교단의 중앙통제기관인 현교원玄教院을 설치하여 엄중한 시험을 치러 방만하게 떠도는 도사, 여관들을 모두 정리해 버렸다. 이 정책은 현교원을 개편한 도록사道錄司(1382)가 설치되면서 더욱 더 촉진되었고 중앙과 지방에 각각의 교단행정을 관할하는 도기사道紀司와 같은 관청을 두어서 도관의 임명과 해임, 도사의 호적이나 도첩의 발급 등을 담당하게 했다. 그리고 이제까지 도사의 최고호칭인 '천사'를 천자의 권위를 침해한다고 하여 '진인眞人'이라고 고쳤다.

그러나 명조가 도교교단의 통제를 단순히 정부기관의 권력적 규제에만 맡겼던 것은 아니었고, 명조와 도교 제파의 지도자 사이에는 변함없이 매우 긴밀한 관계가 유지되었다. 예를 들어 정명도淨明道의 조사 유연연劉淵然(1351~1432)은 태조에 의해서 우정일右正一에 임명되었고, 성조成祖 때에는 도록사에다 교단 최고의 행정관리인 좌정일左正一에 올랐으며, 또 최고 성직자를 의미하는 진인의 지위를 부여받았다. 이와 같이 성과 속 양면에 이르는 최고 위치를 받은 지도자로서는 이 밖에도 정일교의 장정상張正常, 장우초張宇初 등이 유명하다.

명 초에 칙령으로 편찬된 『대명입성현교재초의大明立成玄教齋醮儀』에 의하면 명조는 도교교단을 통제하기 위해 중국을 남·북 지역으로 나누어 주로 화북은 전진교가 맡고 강남은 정일교가 맡는다는 기본방침을 세웠는데, 전진교의 도사가 명조의 주요한 도관에 임명된 사례는 드물어 명조와의 관계가 매우 소원하게 되었음을 알 수 있다. 뿐만 아니라 전진교의 본산인 장춘궁에서 정일교의 대초제大醮祭가 행해지는 등 명조에서의 전진교의 세력은 정일교와 비교해서 분명히 후퇴한 것이었다.

만주족이 세운 정복왕조인 청의 중국문화에 대한 태도는 이른바 삼교혼합의 성격을 띤 근세 중국 종교계의 큰 흐름 속에서 도교 역시 정명도를 하나의 핵으로 삼고 도교 제파를 통합하는 과정 속에서 각각의 특색이 불식되었다.

중화인민공화국 성립과 도교의 수난

제4단계는 중화인민공화국(1949) 성립 이후 시기이다. 이 시기는 개혁개방 전후로 양분된다.

사회주의체제인 중화인민공화국이 성립된 이후에는 중국에서 종교교단이 존속하기가 어려웠다. 비록 인민의 종교적 신앙의 자유가 금지되지는 않았지만, 도교의 도사는 '염경제신念 經祭神'의 생활을 버리고 '환속전업還俗轉業'해서 농업생산에 전념할 수밖에 없는 상황에 놓이게 되었다. 1951년 중국공산 당은 각 급 정부 내에 종교사무부를 설치하고, 각 종교 내에 대리인을 선출하여 완전히 통제 가능한 종교조직을 결성하기 시작하였다. 이에 1957년에 중국도교협회가 결성되었다.

1957년에는 '대약진운동' 실시로 각 개인들이 동원되어 경 제생산에 투입되었는데 도사 또한 예외가 아니었다. 이러한 생산활동에 참가하지 않는 종교는 공개적인 종교 활동이 금지 되었다. 대약진운동의 정책 아래 정치경제정책의 격렬한 변화 로 중국공산당의 종교정책은 소멸정책으로 변하였다. 이에 각 도교사원의 재산이 몰수되었고, 정상적인 종교 활동이 금지되 었다.

대약진 정책의 실패로 정권이 마오쩌둥에서 류샤오치(劉少 奇)로 넘어가자 종교소멸정책은 다시 이전의 온건정책으로 반 전되었다. 그러나 마오쩌둥이 일으킨 문화대혁명으로 인해 종 교정책은 또 다시 극단적인 소멸정책으로 바뀌었다.

문화대혁명 시기에는 "종교는 착취계급이 이용하는 도구로 반드시 계급투쟁을 중심으로 하여 종교문제를 처리한다"는 종 교소멸정책으로 당의 모든 종교사무부문을 완전히 폐쇄시켜 각 지방 종교단체의 활동이 중단되었다. 각 지역의 홍위병들 은 각 종교사원에 들어가 건물을 부수고 경전을 태우는 등 모 든 종교 활동을 금지시켰다. 이에 중국에서의 공식적인 종교

활동은 이루어질 수 없게 되었다.

개혁개방과 도교의 활성화

이러한 중국 정부의 종교억제정책은 1978년 개혁개방정책 실시로 완화되기 시작하였다. 이에 1978년 12월에 '전국종교 업무좌담회(全國宗敎工作座談會)'를 열어 각 종파의 의견을 듣고 건전한 종교업무기구 회복과 각 종교단체의 활동을 결정 하였다. 이에 도교의 궁관이 재건되었고 도교조직이 회복되었 다. 또한 도사가 각 종교사원을 담당할 수 있게 되었으며 도교 경전이 인쇄·발행되게 되었고, 1957년에 계간지로 발행된 『중국도교中國道敎』가 다시 간행되기 시작하였다.

중국도교협회는 1983년에 21곳과 1989년에 250곳의 궁관 을 국무원으로부터 돌려받았다. 또한 개혁개방 이전에 파괴 된 도교궁관을 보수·재건하고, 신상을 다시 세우는 등 도교 의 활동을 전개하였다. 이후 입법적 자유회복에 따른 중국 도교협회의 활동이 회복되어 각 지역의 도사를 궁관으로 복 귀시켰다.

1980년 중국도교협회는 북경 백운관白雲觀에서 제3차 대표 대회를 개최하여 새로운 종지宗旨를 제정하였는데, 즉 "인민 정부의 지도하에 전국 도교신도를 단결시키고, 조국의 사회주 의 현대화 건설, 정부의 종교신앙 자유정책에 협조, 도교전통 을 계승·발양, 도교연구업무를 촉진시켜 나가는 데 적극 참여하자"라고 하였다. 이후 3년마다 대회를 개최하여 제2기에는 도교문화유적의 보호 및 유지·도학연구편찬·도사인재양성을, 제4기에는 애국주의·사회주의 학습을 강화하는 것에 대한 결의를 내었으며, 1992년 제5기에는 이사회를 열어 중국공산당이 작성한 '도교궁관관리방법道教宮觀管理方法'을 통과시키는 등 종교협회의 활동이 조금씩 회복되었다.

1993년에는 도교궁관 400곳이 반환되었고, 농촌자손묘·도교장소가 1천 곳, 궁관도사가 거의 1만 명, 자손묘도사가 2천 명, 민간도사가 5만 명에 달하였다. 도교신도 수는 2000년 당시 5천만 명인 것으로 추정됐다.

불교

불교의 중국 유입

불교는 외부로부터 전래된 종교 중에서 중국에 가장 먼저 유입되었으며, 외래종교 중에서 중국화에 가장 성공한 종교 가운데 하나라고 할 수 있다.

불교의 발원은 기원전 5·6세기 고대 인도에서이다. 그러나 중국에 전래된 불교는 인도불교가 아니라 서역불교 – 서역지방은 지금의 신강성新疆省 – 이다. 인도불교가 직접 중국과 교섭을 가지게 된 것은 인도에서 승려가 직접 건너오거나 중국에서 법현法顯, 보운寶雲, 지엄智嚴, 지맹智猛, 법용法勇과 같은 승려들이 불법을 구하러 인도로 가게 된 동진東晋(317~419)시대부터이다.

불교 전래에 관해서는 여러 가지 설이 있지만,[3] 가장 많이 통용되고 있는 설은 두 가지로 볼 수 있다. 그중 하나가 '후한 명제明帝의 영평永平 10년설'이다. 즉, 명제 영평 10년(67) 어느 날 밤에 명제가 금인의 서쪽으로부터 광명을 비추면서 궁정에 내려오는 꿈을 꾸고 서방에 불교가 있는 것을 알게 되어 채음蔡愔, 진경秦景, 왕준王遵 등 18인을 서역으로 보내어 불도를 구하게 하였다. 그들이 인도로 가던 중 백마에 불경과 불상을 싣고 오던 가섭마등迦葉摩騰과 축법난竺法蘭 두 사람을 만나 함께 낙양으로 돌아왔는데, 황제는 무척 기뻐하며 낙양문 밖에 백마사白馬寺 – 중국 최초의 불교사원 – 를 짓고 이곳에 두 사람을 살게 하였다는 것이다. 그리하여 그들은 이곳에서 경전을 번역했는데, 현존하는 『사십이장경』은 그때의 번역이라는 설이 있다.

다른 하나는 '이존伊存의 불교구수설佛敎口授說'로서 전한 애제哀帝의 원수 원년(B.C. 2)에 경로景盧가 대월씨왕의 사자인 이존으로부터 부도浮屠敎를 구두로 전해 받았다는 설이다. 이 설은 진수陳壽의 『삼국지三國志』중 「위지魏志 서융전西戎傳」에 위나라 사람 어환魚豢의 「위략魏略」을 인용하여 이 기사를 서술하고 있는데 사료로서는 가장 확실하며, 또한 전래에 관한 한 가장 오래된 사료로서 현재 학계에서 가장 타당성 있는 것으로 간주되고 있다. 현재 대다수의 불교계 인사와 학자들 또한 이존의 불교구수설을 받아들이고 있다. 이는 중국불교협회가 1998년 불교유입 2000주년 기념행사를 성대하게 치른 것에서도 알 수 있다.

불교는 인도의 발전과정에서 서로 다른 유파를 형성하였다. 다른 시기, 다른 유파의 중국전래는 오랜 기간을 거쳐 점차 중국문화와 서로 융합되었다. 현재 중국에는 한족불교, 티베트불교, 남방불교 등 3대 언어계통의 불교가 존재한다.

불교의 초기 전래: 의존적 성격

불교의 유입은 대체로 5단계를 거쳤다. 제1단계는 후한과 삼국시기의 초기 유입단계로, 그 특징은 의존적이었다. 불교가 중국에 처음 유입되었을 때 유가의 반대에 부딪혔는데, 유가는 불교를 요순주공堯舜周孔의 도에 상반되는 '오랑캐의 술(夷狄之術)'로 여겼다. 그러나 불교는 당시 통치계급이 숭상하는 황노의 도(黃老之道)와 사회에서 성행한 방술, 음양오행에서 서로 상통하는 부분을 찾아 청정淸淨에 힘썼다. 불교가 자신을 도가사상의 보호 아래 두어 불교의 본래 면목과는 상당히 멀어졌다고 하지만, 황노지도와 유사하다고 여겨져 생존하였으며 점점 발전하였다.

한漢말과 삼국시대에 이르러 불교경전의 번역이 흥성하기 시작하였고, 대승과 소승의 다양한 불교경전이 소개되기 시작하였다. 이렇게 불교가 중국에서 확실하게 기초를 다진 것은 후한 말 환제 때 중국에 온 안세고安世高(현재의 이란인 안식국

安息國의 태자)와 지루가참支婁迦讖에 의해서이다. 안세고는 후한의 환제桓帝 건화建和 2년(148) 낙양에 와서 영제의 건녕 (168~171)연간까지 약 20여 년 동안 오직 경전 번역에 종사했다. 그가 번역한 경전은 『사제경』 『전법륜경』 『팔정도경』 등이 있으며, 지루가참은 영제의 광화(178~183), 중평(184~189) 12년 동안에 걸쳐 『도행반야』 『반주삼매경』 『수능엄경』 『무량청정평등각경』 등의 대승경전을 번역하였다. 이 두 사람의 경전 번역으로 대소승 경전의 전래가 이루어졌으며 후세에 지대한 영향을 주었는데, 중국불교는 이 두 사람의 도래에서 비롯된다고 해도 과언이 아니다.

불교의 중국 토착화: 격의불교

제2단계는 양진남북조兩晋南北朝(275~419)시기로, 그 특징은 불교가 상대적으로 독립적인 발전을 하기 시작했다는 것이다. 초기 전파를 통해 불교는 점차 세인에 의해 이해되기 시작하였다.

후한시기 번역 수준의 불교는 삼국시대와 서진西晋 시대까지 이어졌다. 이 시기 중국불교에 있어서 주요한 특징이 나타나는데, 삼국시대에서 서진시대로 접어들자 노장사상의 발달과 함께 자유스러운 청담사상이 유행하면서 허무주의를 숭상하는 풍조가 한 시대를 풍미하게 되었다. '반야개공般若皆空'의 불교사상 또한 노장사상의 '무無'와 상통하는 점이 있었기 때문에 일반적으로 사람들이 쉽게 이해할 수 있었다. 이에 따라 불교사상은 점차 폭넓게 자리를 잡아가게 되었고, 서진 때부터 다음 동진시대까지는 더욱 더 유행하게 되었는데, 불교사상 중에서도 특히 반야의 '공空'사상이 중심이었다.

더욱이 승려들까지도 이러한 풍조를 따라 사람들에게 불교를 이해시키고자 할 때면 노장사상을 빌려 설명하기도 하였다. 곧 불교의 중국 토착화 혹은 불교의 중국화라고 할 수 있는데 이것을 '격의불교格義佛敎'라고 한다. 당시 대·소승경전의 번역과 전파가 중국 본토사상에 도움을 받았음은 물론이고, 특히 황노사상에 많이 의존하였는데 이로 인해 세인이 이해하고 수용하게 되었다. 불교의 초기 한족 전래의 영향은 주로 상층부의 권력자에 미쳤으며, 한말삼국시대에 이르러 비로소 민간계층에 미치기 시작하였다.

서진 이후 동진과 5호 16국시대(304~439)의 불교는 급격한 발전으로 불교사의 일대 전환기를 이루어 소위 불교연구 시대가 열리게 되었다. 이러한 원인에는 ①고승들이 서역에서 많이 건너옴과 동시에 중국에서도 많은 고승들이 배출되었다는 점, ②5호 16국의 불교보호정책, ③서진의 남하로 불교의 남방전파, ④노장사상의 성행과 더불어 격의불교의 형태로 일반사회에 확산 등을 들 수 있다.

5호 16국의 불교는 국왕의 두터운 보호와 고승들의 배출로 찬란한 발전을 이루었지만, 국왕의 관심은 대부분 불교 그 자체가 아니라 고승들에게 있었다. 불교승려의 최신 지식을 빌리고 또 그들이 지닌 종교적 영험에 의지하여 나라를 다스리려고 하였기 때문에, 승려가 정치적 고문이 되었던 것이다. 이 시기의 승려는 거의 국사國師이자 제사帝師의 역할을 수행하였다. 이들은 신통과 환술을 잘 부리고, 기도를 올리며, 병을 고치는 등 실로 국가에 없어서는 안 될 중요한 존재였다. 석륵·석호와 불도징, 부견과 도안, 요흥과 구마라집, 저거몽손과 담무참의 관계는 그 대표적인 예라 하겠다.

또한 이 시기 불교의 특징은 교단이 성립되었다는 것이다. 서진시대에는 불과 180개 정도였던 사원의 수는 동진시대에 접어들면서 1,768개라고 하는 비약적인 숫자로 불어났다. 뿐만 아니라 승려 숫자도 3,700여 명에서 24,000여 명으로 약 7배 이상 증가하였다. 이처럼 점차 증가한 사원과 승려들은 자연스럽게 불교교단의 성립을 재촉하게 되었다. 가장 대표적인 것이 혜원慧遠(334~416)의 백련사 교단이었다.

이 시기의 불교사상은 노장사상에서 독립하여 불교 본래의 사상으로 돌아가기 위해 노력하였다. 이를 대표하는 것이 도안道安(312~385)의 '격의배제사상'이다. 즉, 격의에 의해 불교를 소개하는 시대가 아니라 불교의 전문적인 연구시대가 도래한 것이다.

남북조시대의 불교는 두세 번의 불교박해 사건이 일어나기는 했지만 역대 왕조가 거의 불교에 대해 보호정책을 실시했기 때문에 동진시대에 이어 대단한 발전을 이루었고, 중국 민중들 사이에서 확고한 기초를 다졌다. 일반적으로 남북조시대

는 동진시대에 이어서 불교연구시대 혹은 불교전파시대라고
도 불린다. 구마라집鳩摩羅什(344~413)에 의해 전해진 용수의
실상론, 세친世親의 유가유식瑜伽唯識사상이 북위의 보리유지
와 륵나마제 등에 의해 전해진 지론종, 그리고 진체眞諦에 의
해 『섭대승론攝大乘論』 등이 번역되어 섭론종이 성립되었다.
또한 담란의 『정토론주』에 의한 정토교, 혜가의 『능가경』에
의한 선禪사상은 실상론의 공空사상과 유식의 유唯사상을 조
화시킨 것이다. 이 밖에도 비담종, 성실종, 삼론종, 열반종, 천
태종, 율종 등이 활발히 연구되었다.

이 시기 불교신앙은 승려들의 활동에 의한 것으로, 승려는
강설을 하며 각지를 돌아다녔다. 그러나 청강자 대부분이 지
식인층으로 상류사회에 국한되었기 때문에 창도사唱導師, 경
사經師가 출현하였다. 경사는 경전을 전독轉讀하는 사람이며,
창도사는 소위 설법을 하는 사람이다. 이들을 중심으로 신앙
단체인 법사法社와 읍사邑社가 조직되어 강북·강남지방에서
종교적 교화에 노력하여 불교 발전에 커다란 역할을 했다.

불교 교단 또한 남북조에 이르자 급속한 발전을 이루었다.
특히 북조의 사원이 3~4만 개이고 승려의 수가 2~3백만에
이르렀는데 당시 교단의 융성함을 짐작할 수 있다. 이렇게 급
증할 수 있었던 것은 각 왕조의 조사조탑造寺造塔과 도승度僧
이라는 적극적 도움이 있었기 때문이다. 게다가 이들 사원구
조를 살펴보면 그 호화스러운 정도가 극에 달했는데, 특히 유
명한 것은 북위 효명제의 희평 원년(516)에 영태후가 건립한

낙양의 영녕사이다. 이러한 교단의 융성함과 사원의 증가는 불교의 타락을 가져오기도 했다. 징병을 피하기 위해 절에 들어오는 사도승이 많았으며, 왕공귀족들은 교단을 이용하여 자기의 재력을 양성하고자 빈번히 노비들을 출가시켜 사도승을 길러내기도 하였다.

이 시기 북방불교와 남방불교의 특징은 각기 다르게 나타난다. 북방 불교가 보다 사회에 일반화된 반면, 남방 불교는 주로 귀족적이고 지식적이며 고답적인 풍조가 많이 가미되었다. 그러나 어느 쪽이든 이와 같은 현상은 당시 불교교단의 일면이며 불교발전의 양상을 보여주는 것이다. 그러나 남북조의 불교가 사원과 승려의 수에 있어서는 상당히 증가하였지만, 내용에 있어서는 여전히 서역불교를 그대로 받아들이는 수준이었다.

불교에서 종교의식이라고 할 수 있는 법회는 동진시대부터 차츰 성행하여 남북조에 이르러 거의 정비되었다. 그중 가장 대표적인 것이 '부처님 오신 날'인 음력 4월 8일에 행해졌던 관불회灌佛會·욕불회浴佛會와 행상行像4)이었다. 초파일 법요식에 이어 일반적으로 자주 행해진 것은 7월 15일의 우란분회盂蘭盆會였다. 또 강남의 귀족들 사이에서 활발히 행해진 것으로는 팔관재회가 있었다. 이 밖에도 재회와 강경講經 그리고 때에 따라서 열리는 법회·불탑공양 의식·성도회·열반회 등은 모두 이 시대에 행해진 불교의식이었다. 법요는 아니지만 승려들에게는 하안거夏安居가 있었다.

중국불교의 전성기

제3단계는 수당시기로서, 그 특징은 불교의학義學이 활발히 발전되고 한족 대승불교 특유의 종파가 출현하여 어떤 것은 국외로 전파되었는데, 중국 불교의 최전성기라 할 수 있다.

남북조를 통일한 수隋는 불교계에서 일대 전환점을 맞게 된 시기였다. 북주 폐불 사건 이후 수나라의 불교부흥사업은 남북불교를 통합시켰을 뿐만 아니라, 남북조시대의 수입불교가 중국불교로서 새롭게 조직되는 계기가 되었다. 불경의 번역·해석·연구가 결실을 맺고 교단의 조직이 재편성되어 여러 종파가 독립되었다.

수대 불교의 부흥과 융성에 있어 가장 큰 공을 세운 사람은 문제文帝이다. 그는 불교를 국가통치의 지도원리로 채택하였다. 문제는 즉위하자마자 사원 건설을 지원하였고, 민간인의 출가를 허락하였으며, 사도승까지도 공인해 주었다. 또한 가장 특기할 만한 것으로 사리탑의 건립을 들 수 있다.

중국에 있어 수·당 이전의 시대는 불교연구 시기로서 주로 서역에서 불교를 수입해 배웠으나, 수대로 접어들면서 연구의 결실을 맺고 종파불교가 형성되기 시작하였다. 따라서 수·당의 불교는 명실 공히 중국불교로서 정착되었던 것이다. 그 중에 수나라에서의 천태지의의 천태종, 가상사 길장吉藏 (549~623)의 삼론종, 신행信行(540~594)의 보법종(삼계교)은 종파불교의 선구를 이룬 것이었다.

수나라에 이어 종파적으로도 큰 성과를 이룬 당唐대 불교는 중국 불교사상 최전성기라고 볼 수 있다. 다시 말하면 남북조시대의 수입불교 영역에서 벗어나 중국불교의 독자적인 면모를 갖추게 되었다. 이것은 당 왕실의 불교보호정책과 함께 고승석학들이 우후죽순처럼 쏟아져 나온 결과이기도 했다. 도작道綽(562~645)·선도善導(613~681)에 의한 정토교, 도선道宣(596~667)의 남산율종, 현장玄奘(600~664)·규기窺基(632~682)의 법상종, 신수神秀(606~706)·혜능慧能(636~713)의 선종, 법장法藏(643~712)의 화엄종, 선무외善無畏(637~735)·금강지金剛智(669~741)·불공不空(705~774)의 밀교 등 이 모든 것이 당대에서 독립되고 대성한 것들이다.

당대의 불교신앙 역시 대중에게 보편적이라기보다는 여전히 지식인 위주의 것이었다. 이에 일반대중을 상대로 하여 통속적인 불교보급을 목적으로 개설된 것이 속강俗講이다. 당대의 일반민중이 주로 믿던 신앙은 미륵신앙, 관음신앙, 문수신앙, 사리신앙, 다라니신앙, 시왕(十王)신앙이었다.

순수한 중국불교 선종의 흥성

제4단계는 당말唐末부터 중화인민공화국 성립 이전의 시기로 그 특징은 불교가 흥성에서 점점 쇠락하는 것을 들 수 있다. 수당시기가 각 종파가 흥성한 최전성기였다면, 이후부터는 선종을 제외한 모든 종파는 쇠퇴일로를 걷기 시작한 시기였다.

당 말기부터 쇠퇴하기 시작한 불교는 오대五代(907~960)의 전란을 겪으면서 더욱 쇠퇴하였다. 특히 전통적으로 불교보호 정책을 실시했던 북방제국 중 후주의 폐불정책으로 불교는 침체되었다. 그러나 남방의 오吳는 양주(강소성)에서, 남당南唐은 금릉(남경)에서, 민閩은 복주(복건성)에서, 초楚는 담주(호남성)에서, 남한南漢은 광주(광동)에서, 오월은 항주(절강성)에서 제각기 불교를 받들고 있었는데 그중 오월의 항주, 남당의 금릉, 그리고 민의 복주를 중심으로 한 불교가 특히 성행하였다.

당으로부터 오대시기를 거치며 힘을 잃은 불교는 송의 통일(960)과 황제들의 불교 외호에 힘입어 그 세력을 다소 회복하였다. 이러한 송대 불교부흥의 원인을 살펴보면 제일 먼저 송 왕실의 외호를 들어야 할 것이다. 송 태조는 즉위하자 우선 후주 세종의 폐불사건 이후 침체된 불교계의 부흥사업에 착수하였다. 물론 천하를 통일하고 민심안정책이긴 하지만 즉위한 건융 원년에 바로 폐불정지 조칙을 내리고 행자行者(참선과 탁발을 행하는 승려) 8천 명을 출가시켰다. 그리고 때때로 상국사에 행차하여 탄생일에 축수도량을 세우고 천하에 덕이 높은 승려를 불러 내전에서 시문하고 자의를 하사했다. 또 행근行勤 등 157명을 서역으로 보내어 법을 구하게 하고 다시 조칙을 내려 성도에서 대장경을 인쇄하게 하는 등 불교부흥에 진력하였다. 이후 태종이 즉위하자 남북의 전 중국을 완전히 통일하고 불교중흥에 노력하여 동자승 17만 명의 출가를 허락했다.

북송 말에 휘종이 도교에 심취하여 불교가 도교화된 적도 있었지만 그것도 잠시였을 뿐 다시 복귀되었다. 이후 송대를 통하여 역대 황제는 모두 불교에 관심을 가지고 크든 작든 불교부흥에 진력하였기 때문에, 송대 불교는 중국화한 불교로서 민중의 신뢰를 받고 깊이 침투되었다.

수·당대에 일어난 불교종파와 그 후의 상황을 살펴보면 당말로부터 불교의 상당부분을 선종이 독점하였다고 하여도 과언이 아니다. 송대에 들어와서 천태종이 부흥하였다고는 하지만 역시 선종의 성행에는 미치지 못하였다. 선종이야말로 중국에서 일어난 순수한 중국불교인 것이다. 선은 임제종臨濟宗, 위앙종潙仰宗, 조동종曹洞宗, 운문종雲門宗, 법안종法眼宗의 소위 선종오가五家로 나뉘어 발전하였는데, 송대에 들어와 위앙종은 이미 그 맥이 끊어지고 법안종도 5대 송초에 활약한 영명사 연수延壽(904~975) 이후로는 교세를 얻지 못하였으며 조동종 역시 부진하였는데, 운문과 임제 두 계통은 활발하게 세력을 키워갔다. 특히 북송시대 때 운문종의 성행은 임제종을 능가할 정도로 번영하였다.

송대 불교의 가장 큰 특징은 송 태조 이후 5회에 걸쳐 행해진 대장경의 조판 인쇄사업이다. 여기에는 『촉판蜀版』 『동선사판東禪寺版』 『개원사판開元寺版』 『사계판思溪版』 『적사판磧砂版』 『보녕사판普寧寺版』 『고려판高麗版』이 있다.

요遼의 역대 황제는 모두 불교에 의한 한인 통치정책을 취하였는데, 이것은 곧 불교보호정책이 되어 불교의 융성을 가져왔다. 특히 성종·흥종·도종의 삼대가 전성기라 할 수 있다. 그러나 도종 이후 국력이 쇠퇴함과 동시에 불교도 그다지 번창하지 못했다. 요가 멸망하고 금이 화북을 점령하여 요의 옛 땅을 계승하였으며 요의 불교를 그대로 전승하였다. 금 황실 역시 불교를 보호하였으므로 불교의 세력은 요에 뒤떨어지지 않았다.

세계적인 대판로를 점유한 원의 종교정책은 모든 종교에 대해 자유로운 포교를 허락하였다. 원대의 불교로는 라마교와 선종을 꼽을 수 있다.[5]

선종 세력은 임제선에 속하는 해운인간海雲印簡(1201~1257), 불국보온佛國普溫 선사 유병충劉秉忠(1201~1256), 조동선에 속하는 만송행수萬松行秀(만송노인이라고도 불림) 등은 원나라 조정과 밀접한 관계를 가지고 외호에 힘입어 그 세력을 키워나갔다.

원이 멸망하고 명이 세워지자 왕조의 보호 아래 불교는 융성하게 되었다. 명대의 불교는 교학적으로 당송 이후의 사상을 계승하고 제종융합의 경향을 분명히 하여 독특한 통합불교를 형성했다. 따라서 수·당시대처럼 여러 종파가 논쟁을 통한 발흥의 기운은 없었고, 또한 순수한 한 종의 교의도 찾아볼 수가 없었다. 이는 불교의 쇠퇴를 의미하기도 했지만, 당시 일반 사상계의 융합통일사상의 풍조로 불교 역시 동화된 것이라 할 수 있다. 당시의 대다수 지식인층은 불교에 관심을 가지고 이를 연구하였다. 이에 불교가 쉽게 민중에게 이해되어 도리어 특색 있는 참다운 중국불교가 형성되었다고 할 수 있겠다.

명대 불교의 대표적인 사람은 명 초기 선종 특히 임제선 계통의 초석범기楚石梵奇(1296~1370)와 도연道衍(1335~1418)이 있다. 초석범기는 원 말기부터 명 초기에 걸쳐 제일가는 선의 대가였다. 도연은 태종의 군사軍師로서 직접 진영陣營에 참가, 정치를 돕고 승록사 좌선세로 임명되어 태자의 소사가 되었으며, 결국에는 속세의 성씨인 요姚에 광효廣孝라는 호를 받을 정도로 황제의 신임이 깊었던 사람이다. 세인은 그를 '요소사姚少師'라 불렀다.

그러나 명대의 가장 중요한 불교학자들은 모두 명 말기에 배출되었다. 즉, 운서주굉, 자백진가, 감산덕청, 우익지욱의 네 사람은 모두 같은 시대에 등장하여 서로 교류하며 명대 불교의 선양에 주력하였다. 이들은 명 말의 사대가四大家로 불릴 뿐만 아니라 원·명 불교의 가장 대표적인 인물들이었다. 이 중에서 특히 운서주굉은 명대 불교사상을 대표한다고 할 수 있다. 그의 사상에 있어 특기해야 할 것은 '공과격功過格'사상을 받아들여 고취한 점이다. 공과격이란 인간행위를 선악으로 분류해 그 행위에 선악의 공과로 점수를 나타내어 하루하루 행위의 향상을 꾀하려고 한 도덕적인 사상이다. 이 사상은 중국에서는 일찍부터 행해졌는데 특히 북송 무렵부터 성행하였다. 공과격사상은 유교사상인 동시에 도교의 사상이기도 하며 나아가서는 불교의 삼세인과, 선악응보의 사상과 상응하는 것으로 그의 삼교조화사상과 당시 일반사상계의 풍조까지도 알 수가 있다. 그런데 이와 같은 조화사상의 범주 안에서도 천주교에 대해서만큼은 배격의 태도를 취했다.

명의 불교에서 간과해서는 안 될 사실은 송대부터 행해지고 있던 대장경의 조인사업이다. 이 사업은 명대에서는 4회에 걸쳐 이루어졌다. 제1회는 태조 때로, 홍무 5년(1372)에 남경 장산사에 덕 있는 승려를 모아 착수한 것으로 『남장南藏』이라 하며 총 6,331권이다. 제2회는 성조가 시작한 것으로 정통 5년(1440)에 완성된 『북장北藏』으로 남장과 거의 비슷한 분량이나 관판官版이며, 남장의 오류를 바로잡기 위해 인쇄한 것이므로 전자보다는 다소 완비된 것이다. 제3회는 『무림장武林藏』이라고 하나 현존하지 않는다. 제4회는 명말 신종의 만력 17년(1588)부터 청초까지 약 70여 년의 세월에 걸쳐 완성한 것으로 『명판明版』 혹은 『만력판萬歷版』이라고 한다.

청조의 불교는 세조 순치제의 북경 천도 때부터 시작한다고 해야겠다. 중국 본토 입관 이전의 청의 종교는 몽고민족과 같은 원시적인 샤만교였다. 그들 일반서민의 신앙은 거의가 이런 수준의 것이었으나, 태조와 태종 초기 황실에서는 일찍부터 라마교와 깊은 교섭을 가지고 있었다. 청조에 있어서 라마교는 원조 때보다도 한층 깊은 교섭을 가졌다. 태조의 건국 정신은 라마교에 의한다고까지 말해진다. 태조를 문수보살의 화현이라고 믿고 있을 정도였다.

청조 역대 황제가 라마교에 대해 취한 태도는 한결같이 지극한 존경심이었다. 청 초기에는 매년 라마 사절의 교환이 있었고, 라마승을 초대하여 연회를 베풀었으며, 또는 사절을 파견하여 안부를 물었다. 북경에 옹화궁을 세웠고 이 외에 동황사, 서황사, 봉천에 황사, 열하에 많은 라마묘를 세워 국내에 보급하였다. 전국의 명산을 비롯해 어디를 가도 라마교와 라마의 황의승黃衣僧을 만날 수 있었다. 이 황의에 반하여 일반 불교는 '청의靑衣'라고 불렸다.

청은 중국 본토 입관 이후인 순치제, 강희제, 옹정제, 건륭제 4대에 있어서의 불교는 당시 국운의 융성과 함께 청대 불교의 개화를 맞이하였다. 이 중 특히 옹정제는 일찍부터 불교 교학 연구에 뜻을 두어 특히 선에 몰두하여 가릉성음迦陵性音에게 지도를 받고, 다시 서장 라마승 장가章嘉를 섬겨 선에 깨달음을 얻어 원명거사圓明居士라 칭했을 정도였다.

청 시기 역시 대대적인 대장경 출판사업이 행해졌다. 청대 대장경의 조인은 이미 강희제 때에 명의 만력판萬曆版에 이어 『속장경』 93질 1,833권을 개조開雕하여 추가하였으며, 그 후 다시 『우속장경又續藏經』 47질 1,246권을 조인하고 이에 추가하였다. 이 『만력판』을 '명장明藏'이라 칭하였고, 이것들을 '명속경明續經' 또는 '명우속경明又續經'이라 부르고 있다. 이어 『용장龍藏』이라고 하는 것은 옹정 13년(1735)부터 건륭 3년 (1738)까지의 4년에 걸쳐 조인한 칙판勅版대장경이며, 명의 『북장』을 기본으로 하고 있으나 총수 735함, 7,838권으로 그 방대함은 극에 달하고 있다. 또 건륭 3년에는 『대청중간삼장목록』이 완성되었다.

순치·강희·옹정·건륭의 4대에는 문물이 번성하였으나 그 이후는 차츰 하강의 길로 접어들었고, 불교 또한 마찬가지로 건륭제 이후부터 쇠퇴하기 시작했다. 청대 불교를 대표하는 고승을 살펴보면 겨우 2, 3명뿐이니 이로써 불교 쇠퇴의 일단을 볼 수 있다. 그동안 불교를 유지해온 것은 유학자들의 불교 연구에 의한 것이었다. 이 사실은 청대의 유·불 융합을 말하는 것이며, 청대의 불교를 거사불교라고 하는 까닭이 여기에 있다. 청 초기의 유학자 왕선산王船山(왕부지王夫之)은 법상학에 정통하고 건륭조의 팽소승彭紹升, 왕대신, 설가삼, 라태산, 공자진, 위원, 양인산, 담사동, 장병린, 팽회속, 주몽안, 장사성 등은 모두 불교거사의 대표적인 사람이다.

중화민국은 청조를 멸망시킨 직접적 계기인 신해혁명의 성공으로 수립(1911)되었다. 이 시기는 지식인의 '과학' 등 서양 문화에 대한 맹신으로 나타난 구문화에 대한 반대로 인해 불교가 크게 위축된 시기였다. 특히 배불운동의 직접적인 계기가 된 것은 강소대학 교수 태상추邰爽秋의 '묘산홍학운동廟産興學運動 선언'이었다. 이 선언서는 1928년의 사건으로 그가 주장하는 바는 "특수계급이며 온갖 죄악의 근본을 이루는 승벌僧閥을 타도하자. 이 승벌 밑에서 괴로워하는 승중을 해방시키자. 승벌 소유의 묘산廟産을 몰수하여 이것으로 교육사업에 충당하자"는 것이었다.

이러한 태상추의 묘산홍학운동에 반대하여 불교개혁운동에 몸을 던진 대허는 즉각 반대선언을 발표하고, 남경에서 '중국불학회中國佛學會'를 발흥시킨 데 이어 전국사원에 서신을 띄

위 불교도의 단결을 재촉하면서 정부에 대한 반대운동을 전개하였다. 이러한 불교도 운동이 그 효과를 나타내어 헌법은 인민의 신앙자유를 재차 규정하였고, 같은 해 8월에 정부는 전국에 공표하여 어떠한 기관단체일지라도 사원과 승려의 재산을 침략할 수 없다고 하는 불교보호령을 내려 이 배불사건은 일단 결말을 보았다.

중화인민공화국 성립과 불교의 수난

제5단계는 국공내전을 승리로 이끈 공산당이 중화인민공화국을 수립한 이후부터로, 이 시기는 개혁개방 전후로 나눌 수있다. 앞에서 언급했듯이 공산당이 이끄는 사회주의는 종교를 부정하였고, 이러한 이념은 먼저 불교를 공산당의 통제하에 두게 하였다. 이리하여 결성된 것이 구불교회 주석인 상해 천동사 원영圓瑛을 회장으로 한 중국불교협회였다. 이것은 1953년 5월 30일의 일이며, 한·만·몽·장·회 등의 각 민족 불교대표 121명이 북경의 광제사에 모여 결성한 것이었다.

이 협의에서 출가는 대처(속세에서 일반인과 같은 생활을 영위하는 승려)를 불허할 것, 환속의 자유가 있을 것, 지켜야 할계율은 위원회에서 전문적으로 연구할 것, 불교도는 반드시삼귀계三歸戒 — 불문에 처음 귀의할 때 치르는 의식으로 불佛, 법法, 승僧에 귀의함을 의미 — 를 받을 것, 불교도는 귀신을숭상하지 말 것, 종교 활동은 사원이라든가 불교단체, 혹은 거사의 집에서 할 것, 특히 애국정신을 발양할 것 등이었다. 외부적인 문제로서 폐회식의 성명에서 "전국의 불교도는 단결하여 인민정부의 지도하에 조국애호, 세계평화 옹호의 운동에 참가하고 인민정부에 협력해서 종교 신앙 자유의 정책을 관철하며, 각지의 불교도는 연합하여 불교의 뛰어난 전통을 발양하자"고 하였으니 이를 통해 불교 협회의 모습을 알 수 있다.

1955년 8월에는 협회 본부인 북경 광제사에서 이사와 대표 133명이 모여 확대이사회가 열렸고, 1957년 3월에는 제2회 전국불교대회가 개최되어 불교계의 반성과 금후 활동방침을 결정하였다. 요컨대 적극적으로 조국건설과 평화옹호의 사업에 참가할 것, 불교교육·학술·문화업무를 강화하여 불교의 우수한 전통을 발양할 것, 적극적으로 정보를 원조하여 종교신앙 자유의 정책을 관철할 것 등이었다.

1957년에는 '대약진운동' 실시로 각 개인들이 동원되어 경제생산에 투입되었는데 승려 또한 예외가 아니었다. 이러한 생산활동에 참가하지 않는 종교는 공개적인 종교 활동이 금지되었다. 대약진운동의 정책 아래 정치경제정책의 격렬한 변화로 중국공산당의 종교정책은 소멸정책으로 변하였다. 이에 각 불교 사원의 재산이 몰수되었고, 정상적인 종교 활동을 할 수 없게 되었다.

종교 탄압의 절정기인 문화대혁명 시기에는 종교소멸정책으로 당의 모든 종교사무부문을 완전히 폐쇄시켜 각 지방 종교단체의 활동이 중단되었다. 각 지역의 홍위병들은 각 종교사원에 들어가 건물을 부수고 경전을 태우는 등 모든 종교 활동을 금지시켰다. 이에 중국에서의 공식적인 종교 활동은 이루어질 수 없게 되었다.

개혁개방과 불교의 활성화

불교에 대한 억압정책은 개혁개방 정책 실시 이후에 서서히 완화되기 시작했다. 1979년 9월 중국불교협회는 활동을 회복하였고, 각 지역의 사묘와 하향시킨 승려를 불문으로 복귀시켜 불교의 소생을 알렸다. 1980년에는 국무원에 전국 주요 사원의 명단을 제출하여 중국공산당의 신 종교정책하에 북경광제사, 법원사, 낙양의 백마사, 개봉의 대상국사 등의 사찰이 활동을 회복하였다. 또한 불교협회는 1981년에 월간지인 『법음法音』을, 1989년에 연간지인 『불교문화佛教文化』를 발행하였다.

중국불교협회는 1980년 제4차 전국대표대회를 개최, 「중국불교협회장정中國佛教協會章程」을 수정하였다. 1987년에는 제5기가 열렸으며, 1993년에는 제6기를 개최하여 「전국한족전래 불교사원 관리방법全國漢族傳來佛教寺院管理方法」을 통과시켰다. 불교협회장정은 여전히 불교도의 합법적 권익과 신앙자유를 보호하며, 또한 불교도의 사회주의 물질문명과 정신문명건설에 참여하여 개혁개방을 위해 경제를 건설하고 조국통일·세계평화를 이룩하는 데 공헌할 것을 격려하였다. 불교신자 수는 2000년 기준으로 1억 명인 것으로 추정됐다.

이슬람교

이슬람교의 전래

이슬람교(伊斯蘭敎)는 음역으로부터 온 것이며, 지역의 이름을 따서 천방교天方敎(지금의 아랍 지역으로 '땅의 중심'이란 뜻)라 부르기도 하고 교의敎義로부터 청진교淸眞敎, 종족으로부터 이슬람교(回敎)라고도 불린다.

이슬람교는 중국의 5대 종교 중에서 유일하게 소수민족에만 전래되었다. 이슬람이 중국에 최초로 전래된 연대에 대해서는 수나라 개황開皇(581~600)연간, 당나라의 무종武德(618~626)연간, 당나라의 정관貞觀 2년(628) 등의 설이 있다. 그러나 일반적으로 당나라 영휘永徽 2년(651)에 이슬람교 국가인 아라비아의 사자가 당나라에 파견된 것이 역사적 사실로서 확실한 정도이다. 이는 『구당서舊唐書』에서도, 651년 마호메트 사후 세 번째 할리파(哈里發)─아랍어의 음역으로 계승장·대리인의 의미─오스만(奧斯曼)이 최초의 사자使者로서 중국에 파견되어 당시 수도인 장안長安에서 당고종唐高宗을 접견하였는데, 일반적으로 이 시기를 이슬람교가 중국에 처음 전래된 것으로 간주한다.

이슬람교도의 중국 정착

사실 651년 이전부터 아랍상인들이 중국에 와서 상인활동을 하였는데, 그들과 함께 이슬람교가 전해졌다고 보아야 할 것이다. 아랍상인이 중국과 상인활동을 하는 데에는 육로와 해로를 사용하였다. 육로는 잘 알고 있다시피 비단길이다. 이 비단길은 페르시아(波斯)·아프가니스탄에서부터 신강의 천산 남북으로 이어지며 이는 다시 장안으로 이어졌다. 수로는 소위 '향료길(香料之路)'로 페르시아만에서 방글라데시만과 말래카해협을 경유하여 중국 남해의 광주廣州·천주泉州·항주杭州 등지로 이어진다.

육로를 통해 무슬림(이슬람교도)은 중국에 일찍이 두 번에 걸쳐 들어왔다. 한 번은 당고종이 '안사의 난(安史之亂)'을 평정할 때 아라비아 등으로부터 병마 20여 만을 빌렸는데, 그 중 많은 사람이 중국에 남아서 후대에 번성하여 청진사淸眞寺

─ 중국에서는 이슬람 사원을 청진사로 통칭함─를 세웠다. 또 한 번은 원대 칭기즈칸이 원정 후 돌아올 때 중앙아시아의 많은 무슬림들이 중국에 들어와서 중국의 서북 각 지역에 거주하였다.

해로를 통해서는 당·송에 걸쳐 아라비아·페르시아의 상인은 이른바 남해선(곤륜선)을 타고 중국 남부의 광주, 천주, 양주揚州 등 상업 항구로 와 거주하면서 무역으로 거부가 되어 번방蕃坊이라는 외국인 거주구역이 설치되기도 하였다. 그뿐 아니라 중국인과 결혼하여 다년간 거주한 서아시아인은 '오세五世 거주의 번객蕃客(외국인 거류자)' '토생土生의 번객(이른바 2·3세)' 등으로 불렸는데, 이렇게 중국에 토착화한 서아시아인은 나중에 중국 무슬림의 일부를 형성했다.

이슬람교의 흥성

13·14세기 원 시기에는 이슬람교에 대해서 관용정책을 취하여 서아시아의 이슬람교도, 즉 아라비아인·페르시아인·터키인 등이 병사나 직공, 노예, 상인으로서 원나라로 대거 이주하였고 또 원나라 관리로 일한 자도 많았다. 그들은 중앙아시아를 거쳐 북경, 섬서, 감숙, 운남, 광동 및 황하와 양자강 유역의 여러 지방으로 이주해 살았는데, 그들은 종족적으로 서역인, 색목인, 회회回回 등으로 불렸다. 회회의 어원은 위구르인을 호칭한 중국어 회홀回紇에서 전용된 것으로 여겨지기는

하나, 위구르인이 이슬람교도였던 것은 아니다. 원대에는 서역인 이슬람교도의 수가 많아 중국 여인과 결혼함으로써 그 수도 증가하고, 또 자발적으로 이슬람으로 개종하는 중국인도 나타났다.

다른 한편 문화방면에서는 이슬람의 천문학·역학·과학기술도 원에 전해지고 원도 이슬람을 적대시하지는 않았기 때문에, 이슬람은 원에 제법 널리 보급되어 중국화한 서역계 이슬람교도의 수는 더욱 증가하였다. 일부의 무슬림이 전국 여러 지방에 이주하여 이슬람교는 중국전역에서 비교적 빠르게 발전하였다. 이슬람교가 오늘날 신강지역에 처음 들어간 것은 대략 10세기 중엽이나, 신강 각지에 전파된 것은 16~17세기였다.

이슬람교의 중국화: 교방제와 경당교육

이슬람교의 전래와 불교의 전래는 상당히 다르다. 그 중에서도 이슬람교의 중국화과정이 상대적으로 힘들었고 많은 시간이 걸렸다. 불교는 동방문명에 속해서 어느 정도는 중국인이 받아들일 수 있었다. 불교의 중국으로의 유입이 주로 중국인이 전파한 것이며 중국 발전에 기반한 것이라면, 이슬람교는 대부분 아랍인 상인·사병이 중국에 들어와 정착한 후 자신의 종교생활을 위하여 청진사를 필요로 해서 건립한 것이다.

이슬람교가 중국에 들어왔을 때는 유교·불교·도교가 이미 발전한 상태였으며, 유교를 중심으로 하고 도교와 불교를 보조로 하는 기본틀이 이미 형성되어 있었다. 이러한 상황하에서 이슬람교가 중국 주류문화로 자리잡는 것은 힘들었으며, 단지 중국에 들어온 중앙아시아와 서아시아의 무슬림으로 형성된 회족 및 기타 소수민족에 전래되었을 뿐이다.

이러한 어려움 속에서도 이슬람교가 중국에서 비교적 번성하게 된 이유는 유가사상에 대한 그들의 수용력과 존중하는 태도 때문이었다. 이슬람교가 중국 종교와 비교해서 다른 점은 불상을 숭배하지 않는다는 점과 조상들에게 제사를 지내지 않는다는 것뿐으로, 중국인들이 숭배하는 하늘에 대해서는 반대하지 않았다. 왜냐하면 그들은 하늘이란 곧 알라신이라고 생각했기 때문에 유가의 하늘숭배사상과 쉽게 조화를 이룰 수 있었다. 특이한 것은 그들이 공자를 매우 존경했고 유가경전을 읽고 과거에도 응시했으며, 공자의 윤리도덕을 최고의 덕목으로 생각했다는 점이다.

이렇게 외부로부터 들어온 무슬림은 장기간 중국에 머물면서 원래의 종교신앙을 유지하며 뿌리를 내렸다. 사실상 장기간의 발전과정 중에서 이슬람교는 지속적으로 중국의 전통문화를 받아들였고, 아랍 혹은 세계 다른 지역의 이슬람교와 다른 중국만의 특징을 만들었다. 이는 교방제教坊制(특히 문환門宦제도)와 경당經堂교육 두 방면에서 잘 나타난다.

교방제는 원대에 시작되었다. 당시의 많은 무슬림사병은 전국 각지에 파견되어 주둔하였는데, 이후에 그 지역에서 농민

이 되었고, 그중 상위계층에게는 특권이 부여되었다. 이처럼 무슬림으로 하여금 중국 농촌사회생활에 융화되게 할 뿐만 아니라 등급과 빈부격차가 나타나게 되자 교방제가 나타나기 시작했다. 소위 교방이라 함은 청진사를 중심으로 하는 무슬림 거주지역으로, 실제로 하나의 독립된 지역적 이슬람조직이었다. 각 사방寺坊의 관리방식은 조금씩 다른데 어떤 곳은 교장敎長제를 실시하였고 어떤 곳은 이사회董事會제를 실시하였다. 이후 교방제는 세 가지 형태로 나타난다. 그 중 첫째는 단일교방제로서 각 교방끼리 서로 예속하지 않는 것이며, 둘째는 해을海乙제로서 중심사원이 약간의 작은 사원을 관할하는 것으로 예속관계였으며, 셋째는 앞의 두 개를 절충한 것으로 교방이 약간의 청진사를 관할하거나 혹은 교주가 직접 관리하거나, 교주위敎主委과 대표(열의사熱依斯)가 담당하였다. 이러한 교방제는 중국 농촌사회에서의 특수한 현상이었으며, 이슬람교와 중국 봉건제도가 서로 결합한 특이한 산물이었다.

청대에 이르러 서북일대에 교방제의 기초 위에 문환제를 결합시켰다. 이슬람교 수피즘―일종의 신비주의―각 유파가 중국에 유입된 이후 서북지구에 4대학파가 형성되었는데, 호비야虎非耶, 알적임야戛迪林耶, 고포임야庫布林耶와 철혁임야哲赫林耶 등 4대 문환이다. 문환의 최고 영수는 교주로 어느 정도의 청진사 혹은 교방을 관할하였고 종교와 세속권을 가졌으며, 이러한 지위와 신분 및 권력은 세습되었다.

경당교육은 중국 이슬람교가 실시한 일종의 방식으로, 사원

교육 혹은 아랍어(回文)대학으로 불렸다. 명明 가정嘉靖(1522~1566) 연간에 중국어유가경전과 아랍어이슬람경전을 숙달한 섬서성의 경사인 호등주胡登洲가 구두로 경문교의를 전파하는 방법으로 고향에서 사숙방식으로 수학자를 모아 가르쳐서 섬서학파를 만들었고, 경당교육의 발전을 촉진시켰다.

이후로 산동山東학파·운남雲南학파·난주蘭州학파·하주河州학파·동남東南학파 등이 출현하였다. 경당교육의 발전에 따라 중국의 무슬림 중에서 독특한 언어가 만들어졌는데 이를 '경당어'라 하였다. 이는 아랍어와 페르시아어 그리고 중국어가 섞여서 만들어진 것이었다. 그중 약간의 어휘는 유교·불교·도교경전 혹은 일상 중국어에서 온 것이었다. 경당어는 중국어를 통용하는 무슬림 속에서 보편적으로 사용되어 중국 이슬람교의 발전을 촉진시켰으며, 또한 중국어 어휘를 풍부하게 하였다.

경당교육의 발전으로 중국 이슬람교 학자의 번역과 저작활동이 활발해졌는데, 이는 명말청초에 최전성기를 맞았다. 그중 대표적인 인물은 왕대여王岱興(1570~1660, 주요 저작은 『정교진전正敎眞詮』『청진대학淸眞大學』 등), 마주馬注(1640~1711, 주요 저작은 『청진지남淸眞指南』), 유지劉智(1160~1730, 주요 저작은 『천방성리天方性理』) 등이 있다. 그들은 저서에서 동서문화를 유기적으로 결합시켜 "유교문화를 이용하여 서학을 전한다" 하여 유교·불교·도교의 개념으로 이슬람교의를 해석했는데, 이로써 이슬람교가 교의학상에서 중국의 유교를 중심으로 하는 전통사상과의 결합을 이루게 되었다.

중국 이슬람교의 교파분립과 근대화운동

17세기 중엽부터 전통적 이슬람교학에서 몇 군데의 해석에 이의를 달아 개혁을 꾀하려는 운동이 발생하고 있었다. 전통적 중국 이슬람은 노회회老回回, 노교老教, 고교古教, 고파古派 등으로 칭해지고, 거기에 이의를 제기한 교파(sect)를 신교·신파라고 하며 나아가 고행파古行派, 신행파新行派라 부르기도 했다. 그 신·구의 차이는 수니파의 본질에 관한 것이 아니라, 예를 들면 특정의 예배형식이나 순서 및 회수 등 의례상의 차이나 관습의 차이에 의한 것이었다. 그 각각에 나름의 이유가 있으나, 요컨대 아혼(阿訇) ─ 이슬람교 성직자 ─ 들의 세력투쟁이나 교파주의의 결과이다. 신행파에는 중국 이슬람의 오랜 습관에 대한 개혁을 꾀한 점이 보이는데, 이 양파 사이의 당파적 대립은 현대까지 계속됨에 따라 중국 이슬람교학상의 특수한 문제가 되고 있다.

그러나 20세기 초에 중국의 정치적·사회적 변동은 중국 이슬람의 지식인들에게 영향을 주어 중국 이슬람의 근대화운동이 일어났다. 예를 들면 북경의 왕호연王浩然(1848~1919) 아혼은 북경의 우가牛街 청진사 내에 이슬람교 사범학당을 창설하고, 이슬람경전 외에 근대적인 학과목을 더한 새로운 학교교육을 행하여 회민 사회의 지적향상을 꾀하였다. 1920년대부터 북경을 중심으로 근대주의적 문화운동이 성행하게 되자 아훈은 근대적 양성을 꾀하거나 번역, 신문잡지 간행, 계몽 선전사업 등을 통해 중국 이슬람의 근대화에 노력하였다.

중화인민공화국 수립과 이슬람교의 수난

중화인민공화국 성립 이후의 중국 정부는 종교의 인민에 대한 영향력 약화 정책을 실시하였다. 1947년 「토지법대강土地法大綱」을 통해 모든 사원寺院의 토지소유권을 박탈하여 이슬람교에 타격을 주었다. 1949년에는 '토지개혁운동(土改運動)'을 통해 이슬람교의 토지를 완전히 몰수하였다.

1951년 중국공산당은 각급 정부 내에 종교사무부를 설치하고 각 종교 내에 대리인을 선출하여 완전히 통제 가능한 종교조직을 결성하기 시작하였다. 이에 중국이슬람교협회(1953)가 결성되었다. 이러한 종교억제 정책을 쓰면서도 한편으로는 회민을 소수민족으로서 대우하고 그들을 '회족回族'이라 불렀다. 특히 회민의 밀집 거주 지역에는 영하 회족 자치구, 임하 회족 자치주(1956), 신강의 창길 회족 자치주(1954) 그리고 9개의 회족 자치현을 세워 회민의 풍속이나 신앙, 관습을 존중하는 정책을 취하였다.6)

중국공산당은 중국이슬람교협회라는 어용적 종교조직을 통해 전국의 종교사원을 조사하여 종교계에 대한 조사와 통제를 완성하였다. 1957년 '대약진운동' 실시로 각 개인들이 동원되

어 경제생산에 투입되었는데 이슬람교도 또한 예외가 아니었
다. 대약진운동의 정책 아래 정치경제정책의 격렬한 변화로
중국공산당의 종교정책은 소멸정책으로 변하였다. 이에 이슬
람교사원의 재산이 몰수되었고, 정상적인 종교 활동이 이루어
질 수 없게 되었다.

　종교탄압의 최절정기인 문화대혁명시기에는 종교소멸정책
으로 당의 모든 종교사무부문을 완전히 폐쇄시켜 각 지방의
종교단체 활동이 중단되어 이슬람교의 공식적인 종교활동은
이루어질 수 없게 되었다.

개혁개방과 이슬람교의 활성화

　이러한 이슬람교 탄압정책은 개혁·개방정책 실시 이후 완
화되기 시작했다. 1978년 중공 제11기 3중전회의 종교정책에
있어서도 중국공산당은 문화대혁명 이전의 온건노선을 결정
하였으며, 제한적으로 종교존재를 용인하였다. 이에 1979년 9
월 중국이슬람교협회는 활동을 회복하였고, 각 지역의 청진사
와 하향시킨 이슬람교 성직자를 청진사로 복귀시켜 이슬람교
의 소생을 알렸다. 또한 1957년 창간된 격월간지인 『중국 무
슬림中國穆斯林』이 재발행되기 시작했다.

　중국의 이슬람교는 1980년의 제4기 중국이슬람교전국대표
회의에서 정식활동을 회복하여 조직장정을 수정하였다. 개방
후 3만여 개의 청진사가 보수되었으며, 1987년 제5기에서는

'주임'을 '회장'으로 개칭하였고, 1993년 제6기에서는 "이슬람교계의 인사와 무슬림의 합법적 권익을 대표하고, 각 민족 무슬림과 단결하여 애국애교하며, 사회주의의 종교정책을 옹호하고, 민족단결과 교파단결을 강화하여 각국 무슬림과의 우호적 연계와 단결을 강화·발전시킨다"는 종지와 임무를 명확히 하였다. 이슬람교인의 수는 2000년에 1천여 만 명으로 추정됐다.

천주교

천주교의 중국 전래설

천주교의 중국 전래에 대한 설은 분분하다. 명나라 천계天
啓 5년(1625) 서안西安에서 출토된 대진경교유행중국비大秦景
教流行中國碑(대진大秦은 로마를 가리킴)에는 당나라 정관貞觀 9
년(635)에 중국에 전래되었다고 기록되어 있다. 이것은 공식적
인 기록이고, 실제로는 당나라 이전에 여러 차례 중국에 전래
되었다고 한다. 『노득개교시말기路得改教始末記』(노득路得은 '루
터'의 음역)에는 서기 34년에 바빌론이 유태인을 학살하자 유
태인들은 사방으로 뿔뿔이 흩어졌는데 마원馬援이 교지交趾
(베트남 북부 지역)를 정벌할 때 서로 만나 천주교도도 함께

중국으로 들어왔다고 기록하고 있다. 또 『연경개교략燕京開敎略』에 의하면, 서기 65년에 로마 황제 네로가 천주교도들을 학살하고 69년 예루살렘이 패망하자 천주교도들은 재난을 피해 동으로 왔다고 한다. 또 마라버 주교의 저작인 『가륵저사迦勒底史』에 의하면, 천국의 복음이 도처에 확산되어 결국 중국에까지 이르렀다고 하였다. 이렇게 많은 주장들 가운데 어떤 것은 전혀 근거 없는 것은 아니나 믿을 만한 증거가 없기 때문에 다만 전설 정도로 인정되고 있을 뿐이다. 그러나 현재 확실히 고증해 낼 수 있는 것은 7세기 경교景敎의 유물로부터이다.

따라서 일반적으로 천주교는 이슬람교가 중국에 전래된 시기(651)와 거의 동시 혹은 좀 더 빨리 유입된 것으로 간주한다. 천주교의 중국에서의 전래와 발전은 약 5단계로 구분된다.

경교의 유입

제1단계는 당대唐代이다. 천주교의 역사를 보면, 431년 에베소Ephesus의 3차회의에서 네스토리우스Nestorious(중국어 음역은 섭사탈리聶斯脫利)파와 알렉산더파 사이에 충돌이 있었다. 네스토리우스파는 예수를 인간으로서, 알렉산더파는 예수를 신으로서 숭배할 것을 주장했다. 결국 알렉산더파의 지도자 시릴Cyril은 네스토리우스파를 동로마제국 황제와 교황에게 보고하여 그들을 이단으로 규정하고 추방했다. 네스토리우스파의 학설은 페르시아 학자들에게 환영을 받아 페르시아에서 인도·중앙아시아·중국 등지로 점차 파급되었다.[7] 경교 선교사인 아라본阿羅本이 이 교를 중국으로 들여오자 당 태종은 남달리 이를 환영하여 경사京師에 있는 의녕방義寧坊에 대진사大秦寺를 세워주었다. 이 교파는 당시 '경교景敎'라고 불렸으며, 200년의 발전과정을 통해 일정한 규모를 갖추었다. 따라서 중국에 들어온 경교란, 네스토리우스파의 천주교를 말한다.

경교는 당 태종부터 무종까지 210년 동안 그 당시 제왕들과 대신들의 옹호를 받았다. 비문에 적힌 태종·고종·현종·소종·대종·덕종 등은 모두 경교에 대해 상당한 경의를 표했다. 당 정관 9년(635)에 "황제가 재상 방현령에게 명하여 서역에서 온 귀빈들을 영접하라 했다"는 기록이 있고, 정관 12년(638)에는 사찰을 세우라는 칙명도 있었다. 고종도 경교에 대해 동일한 경의를 표했다. 비문에 "고종은 선왕을 지극히 공경하고 신을 숭상해서 모든 주에 경교사찰을 세우고 아라본을 진국대법주鎭國大法主로 추대했다"는 기록이 있다. 현종은 녕국寧國 등 다섯 왕에게 명하여 왕들이 친히 경사景寺에 가서 단장壇場을 설치하고 5대 선왕들의 초상을 사원에 진열해 놓도록 명했다. 대종은 예수 탄생일에 향사찬香賜饌 — 황제가 내리는 음식 — 을 내려 경축했다. 덕종도 경교를 숭상했으며 기념비도 세웠다.

이렇게 경교가 중국에 전파될 수 있었던 요인은 경전번역과 질병치료에서 찾을 수 있다. 당시 당 태종이 아라본을 영접할 때 "경전을 번역하시오"란 명을 내렸고 훗날 비문을 작성한 경정 같은 사람도 번역사업에 전력하여 30부권部卷을 번역했다는 기록이 있다. 또한 당서唐書에 예종의 아들이자 현종의 동생인 황제가 자리를 내놓자 헌憲이 병에 걸렸다. 이때 경교 선교사인 숭일崇一이 치료해 주었다는 대목이 있다. 그러나 이 시기의 천주교는 사회에서의 영향력이 비교적 작았고 교인도 3만 명이 넘지 않았다.

당 무종武宗 회창會昌 5년에 이르러 도교를 숭상하고 불교를 배척하였는데, 경교 역시 배척되어 세력이 축소되었다. 여기서 그들이 불사佛寺를 훼손한 이유는 순전히 경제적인 측면에서 비롯되었다. 그리고 도사道士 조귀진趙歸眞의 권유도 무시할 수 없는 것이었다. 경교는 이렇게 해서 결국 멸망하게 되었으나, 경교도들은 중국에서 완전히 사라지지는 않았고 일부는 몽고로 들어갔다.

원시기 천주교: 야리가온

제2단계는 원대元代이다. 당 무종 때 외래종교들이 탄압을 당하자 한동안 중국 내부에서 천주교는 자취를 감춘 듯했으나, 실제로 중국의 서북방과 남방지역에 천주교 선교사들의 발자취는 끊이지 않았다. 특히 북방의 몽고는 유럽의 천주교 국가들과 매우 밀접한 관계를 유지하고 있었기 때문에, 몽고의 원나라가 중국을 통일하게 되자 천주교 선교사들도 중국으로 들어와 그 세력을 확장해 나갔다. 특히 원나라 태조는 유럽에 십자군 전쟁이 발생했을 당시 로마교황에게 구원병을 보낸 바 있어 이 두 나라 사이에는 매우 우호적인 관계가 형성되어 있었음을 알 수 있다.

원 시기의 천주교 명칭은 '야리가온也里可溫'이었다. 야리가온이란 말은 원래 몽고어로 '인간에게 복을 나누어준다' '인연이 있는 사람' 혹은 '복음을 받은 사람'이란 뜻이다. 원 왕조가 건립된 이후 원 세조世祖는 종교에 대해 당 태종과 같이 관대하여 불교, 천주교, 이슬람교 등 모든 종교를 허용하였다. 특히 그의 모친 별길태후別吉太后가 천주교도였기 때문에 세조는 마르코폴로가 알현했을 때 교황에게 보내는 친서를 주었는데, 이 친서에는 훌륭한 선교사 100명과 예수묘 앞에 놓는 등유燈油를 보내줄 것을 요청하는 내용이 담겨 있었다. 이에 1239년 프란시스코회(중국어 음역은 방제각회方濟各會) 선교사 요한 몬테일미로(중국어 음역은 약한約翰 맹덕고유낙孟德高維諾)가 로마교황 니콜라스 4세의 승인을 받고 중국에 들어와 로마 천주교의 중국 선교활동의 개척자가 되었다. 그가 중국에서 선교한 지 30여 년 만에 북경총교구와 천주泉州교구가 설치되었으며, 신도 수도 3만 여명에 달했다. 그러나 원의 멸망과 함께 천주교는 또 한 번 자취를 감추었다.

명청 시기의 천주교

제3단계는 명대와 청대 전기이다. 16세기 이후 산업혁명에 따른 서구세력이 발전하면서 천주교의 시선은 다시 중국으로 향했으며, 각 교파－예수회, 프란시스코회, 도미니크회(중국어 음역은 다명아회多明我會) 등－는 이전과 다른 강력한 세력으로 중국에 선교사를 파견하였다. 초기 많은 선교사들이 중국 동남 연해지역에서 선교의 발판을 마련하였다. 후에 천주교는 이전의 선교과정에서 여러 차례의 시행착오를 겪으면서 선교 방식을 바꾸었는데, 중국어를 배우고 중국문화를 연구하며 서구식만을 고집하던 이전의 행태에서 벗어나기 시작했다.

명 만력萬曆 연간(1573~1619)에 예수교 선교사 마테오리치(1552~1610, 중국어 음역은 이마두利瑪竇)가 중국 선교에 첫발을 디뎠다. 마테오리치는 유학자가 입는 옷을 입고, 유학자가 쓰는 관을 쓰고, 중국어를 배우고 한학을 연구하였으며, 아울러 서방과학지식을 매체로 하여 중국 사대부와 교제하였다. 이로 말미암아 만력 황제의 예우를 받았다. 마테오리치에 이어 천주교의 많은 선교사들이 중국에 들어와 선교활동을 하였으며, 더욱 더 조정과 사대부계층의 신임을 얻어 10여 개의 성省에서 선교의 자유를 승인받았는데, 이로 인해 천주교 세력은 더욱 빠르게 발전하였다.

청 강희康熙 연간(1662~1722)에 이르러서는 신도 수가 15만 명에 달했으며 그중 대다수가 예수교 소속이었다. 그러나 통치자가 서방세력에 대해 경계를 함으로써 천주교의 세력도 경계받기 시작하였다. 명청 시기에 두 차례에 걸쳐 신도와 외국인 선교사 사건에 대한 조정의 엄중한 조치가 있었다. 한 번은 명 만력 44년(1616) 때이다. 예부시랑 심최沈潅가 천주교 세력의 확장에 대한 우려를 표명하고, 국가의 음환陰患으로 여겨 남경에서 신종 황제에게 세 차례에 걸쳐 상소를 올렸다. 이로 인해 천주교에 대한 탄압이 시작되어 신도가 구속되고 외국인 선교사는 모두 축출되었다. 또 한 번은 청 강희 43년(1704)에 발생하였다. 흠천감 관리자인 양광선楊光先이 천주교가 중국 전통의 윤리를 어지럽힌다고 비난하여 외국인 선교사가 구금되었고 관원 역시 공범으로 몰려 면직되었다.

강희 말년에는 중국에 있던 예수회와 도미니크회 간의 중국인의 제사행위와 공자숭배에 대한 문제가 발생하였는데 이른바 '예의 논쟁(禮儀之爭)'이라고 한다. 예수회파의 주장은 중국의 천天과 천주교의 신은 동일한 것으로 중국 사람들이 공자를 숭상하고 조상에게 제사지내는 것은 천주교 의식과 결코 상반되는 것이 아니며, 천주교 성서와 중국의 경서는 상통할 수 있는 것이라 했다. 따라서 집에서 조상에게 제사지내는 것은 불가능한 것이 아니라고 주장했다.

그러나 로마교황청은 특사를 파견하여 천주교도가 제사지내는 행위에 대해 금지령을 하달하여 못하도록 명령하였다. 로마교황청의 이러한 행위는 내정간섭으로 여긴 강희황제의 분노를 사 파견된 특사가 구금되었고, 중국교회 총주교를 포함한 중국 내 대부분의 선교사가 축출되는 결과를 가져왔다. 아울러 외래 선교사의 중국 내 선교활동도 금지되었다.

특히 건륭乾隆(1736~1795) 연간에 외래 선교사의 중국 내 선교활동 금지뿐만 아니라 전면적으로 쇄국정책을 실시하였다. 사정이 여기에 이르자 천주교의 예수회와 기타 수도원을 포함한 중국 내에서의 선교활동은 심각한 타격을 입었다. 결국 교황의 예수회 해산 명령으로 예수회는 소멸되었지만, 다른 파의 천주교는 여전히 활동을 계속했다. 예를 들어 라자레스트파의 천주교는 남경과 북경에서, 프란시스코파는 섬서에서, 미시옹스파는 사천에서, 도미니크파는 복건에서, 포르투갈 교회는 마카오에서 계속 활동하였다.

근대 시기의 천주교

제4단계는 1840년 아편전쟁 이후부터 중화민국 시기까지이다. 1842년 불평등조약인 남경조약을 맺은 후 망하조약望厦條約(1844), 황포조약黃埔條約(1844), 천진조약天津條約(1858), 북경조약北京條約(1860), 신축조약辛丑條約(1901) 등이 이어서 체결되었다.

이러한 조약들의 체결에는 중국 내에서의 신앙생활 및 선교활동금지를 취소하라는 조항도 포함되었다. 망하조약 제17조에서는 "선교사가 5개 항구에서 선교활동을 하는 것 외에도 성당을 건립할 수 있다"라고 규정하였으며, 황포조약 제23조에서는 "중국이 프랑스 예배당과 묘지를 훼손시킬 경우 지방관이 조례에 따라 구속되고 엄격한 처벌을 받는다"고 규정하였다. 북경조약에서는 외국 선교사가 "각 지역에서 농지를 세

주고 매입할 수 있으며 교회를 지을 수 있다"고 규정하였다.

이로 인해 중국의 문호는 개방되었고 천주교는 중국 내륙 깊숙이 들어갈 수 있었으며 신도를 확장시킬 수 있었기에 1900년에는 72만 명, 1921년에는 200여 만 명, 1945년에는 300여 만 명까지 증가하였다.

중화인민공화국 수립과 천주교의 수난

제5단계는 중화인민공화국 수립 이후이다. 중화인민공화국 수립 이후의 중국 정부는 종교의 인민에 대한 영향력 약화 정책을 실시하였다. 1947년 '토지법대강土地法大綱'을 통해 모든 천주교 토지소유권을 박탈하여 심각한 타격을 주었으며, 1949년에는 '토지개혁운동土改運動'을 통해 모든 종교의 토지를 완전히 몰수하였다. 또한 천주교의 로마교황청(敎延)대표 리베리Anthony Riberi(중국어 음역은 여배리黎培理) 공사는 추방당했으며, 체포된 신부와 신도의 수는 수백 명에 달했다.

1951년 중국공산당은 각급 정부 내에 종교사무부를 설치하고 각 종교 내에 대리인을 선출하여 완전히 통제 가능한 종교 조직을 결성하기 시작하였다. 이에 중국천주교애국회(1957)를 결성하여 '애국운동'이라는 구호하에 천주교와 서방세계와의 관계를 효과적으로 끊었으며, 민간사회로 하여금 공산당 지도를 더욱 쉽게 받아들이도록 하였다. 그러나 모든 천주교인이 애국교회에 가입한 것은 아니었다. 이들은 '지하교회地下敎會'

형식으로 공산당의 감시를 벗어나 지속적으로 활동하였다.

1957년에는 '대약진운동' 실시로 각 개인들은 동원되어 경제생산에 투입되었는데 이러한 생산활동에 참가하지 않는 종교는 공개적인 종교 활동이 금지되었다. 대약진운동의 정책 아래 정치경제정책의 격렬한 변화로 중국공산당의 종교정책은 소멸정책으로 변하였다. 이에 천주교의 재산이 몰수되었고, 정상적인 종교 활동이 금지되었다.

문화대혁명 시기에는 "종교는 착취계급이 이용하는 도구로 반드시 계급투쟁을 중심으로 하여 종교문제를 처리한다"는 종교소멸정책으로 당의 모든 종교사무부문을 완전히 폐쇄시켜 각 지방 종교단체의 활동이 중단되었다. 각 지역의 홍위병들은 각 성당에 들어가 건물을 부수고 경전을 태우는 등 경전 읽기·기도·예배활동을 모두 금지시켰다. 이에 중국에서의 공식적인 종교 활동은 이루어질 수 없게 되었다.

개혁개방과 천주교의 활성화

이러한 종교억압정책은 개혁개방정책으로 완화되기 시작했고, 1978년 중공 제11기 3중전회의 종교정책에 있어서도 중국공산당은 문화대혁명 이전의 온건노선을 채택하였으며, 제한적으로 종교존재를 용인하였다.

1980년에는 천주교 활동이 회복되어 새롭게 수정된 조직장정을 통해 '애국애교'를 강조하였고, "정부의 종교신앙자유정책에 협조하고, 교회의 합법적 권익과 국가안정 보호를 위해, 사회주의 물질문명과 정신문명 건설을 위해, 조국통일 실현을 위해 그리고 국가 간의 우호적 왕래를 전개시키고 세계평화를 보호하기 위해 공헌"할 것을 결의하였다. 또한 계간지인 『중국천주교中國天主教』를 발간하였다. 특기할 만한 사실은 불교, 도교, 이슬람교에서 출간하는 간행물들은 국내외에 공개적으로 발행한 반면, 천주교와 천주교 관련 서적은 해당 종교의 내부 발행으로 제한되어 있었다는 것이다.

중국천주교애국교회가 활동을 회복하면서 천주교애국교회에 가입하지 않은 천주교, 즉 지하교회 역시 활동을 전개하기 시작하였다. 지하교회의 대표격인 범학엄范學淹 주교도 석방되었고, 1979년에는 비밀리에 세 명의 주교에게 세례식을 거행하였다.

이후 지하교회의 주교는 1991년 51명에 이르렀고, 신부가 210명으로 18개 성省에 분포하고 있으며, 신도 수도 70만에서 500만으로 늘었으며 주로 산악지대나 농촌에서 활동하였다. 중국공산당은 지하교회 탄압에 대한 저항이 격렬해지자 10여 명의 지하주교와 수십 명의 신부 그리고 신도를 체포하였고, 교회당 개방과 재정지원 측면에서 애국교회를 지원해 주었다. 교황청은 박해구실을 주지 않기 위해서 아직 지하교회를 승인하지 않고 있으며, 또한 지하교회의 사도생이 애국교회가 장악한 수도원에서 공부하는 것을 허락해 점점 성직자와 교우의 세대가 교체됨에 따라 통합될 것으로 보인다.

중국천주교인의 수는 1991년의 관방자료에 의하면 360만 명이다. 그러나 홍콩 성신연구센터(聖神研究中心)의 1996년과 1999년의 천주교인 총수는 각각 1천만 명과 1천 2백만 명으로 추정되는데, 이를 통해 지하교회의 크기를 가늠해 볼 수 있다.

기독교

기독교의 중국 유입

    기독교는 다른 종교보다 짧게는 1,200년, 길게는 1,900년 정도 늦게 중국에 유입되었다. 중국으로 기독교를 전래한 사람은 영국 출신의 모리슨Morrison(중국어 음역은 마례손馬禮遜)이다. 그는 1807년(가경嘉慶 12년)에 마카오를 거쳐 광주로 와서 번역작업에 착수하였다. 당시 중국 관리들은 서양인들에 대하여 매우 엄격했기 때문에 그가 광주에서 번역작업을 하는 데는 상당한 불편이 뒤따랐다. 그래서 1812년에 다시 마카오로 돌아갔으나, 마카오는 당시 천주교 세력권 안에 있었기 때문에 그가 번역한 서적은 천주교 측에 의해 이단으로 규정되어 모두 불태워졌다. 그는 다시 광주로 돌아와 상업에 종사하며 낮에는 일을 하고 밤에는 선교와 집필에 전력했다. 모리슨은 최초로 성경을 중국어로 번역한 사람이다(1819.11.25). 또한 성서 번역 이후 『한영자전』을 저작했는데 이 역시 최초의 영문 자전이다. 모리슨은 성경을 번역한 해인 1819년에 첫 신도인 채고蔡高를 얻었다. 두 번째 신도는 1814년에 중국에 들어온 미린 선교사가 말래카에서 얻은 양발梁發(1789~1855)이었다. 양발은 중국인으로서 최초의 선교사이며, 선교 소책자인 『권세양언勸世良言』[8]을 저작하였다.

모리슨 이후 런던 교회는 계속 선교사들을 파견했다. 미린이 광동으로, 마토스가 상해로, 미린의 아들 미리니가 영파로, 양혁비楊革非가 무한과 천진으로, 에드킨스Joseph Edkins(1823~1905, 중국어 음역은 애약슬艾約瑟)가 연태烟台와 북경으로 파견되었다. 따라서 신교의 세력은 마카오에서부터 북방으로 확산되었다. 또한 미국의 교회에서도 선교사를 파견하였는데, 1830년에 미국 공리회公理會에서 브릿지맨E. C. Bridgman(1801~1961, 중국어 음역은 비치문裨治文)을 광주에 파견하였다. 그는 영자신문을 창간하였는데, 이는 중국 신문의 제 1호에 해당된다.

아편전쟁 이후 기독교 전파

아편전쟁 이후 5개 항구가 개방되자, 선교사들은 중국으로 들어와 자유롭게 선교활동을 할 수 있게 되었다. 처음에는 교회에 대해서 의혹이 상당히 많았으나 천진조약이 성립된 후에 중국인들의 관념은 점차 변하여 기독교는 결국 상당수의 신자를 확보하기에 이르렀다. 따라서 이 당시 중국에서 선교활동을 한 교회들 중 장로회는 북방으로까지 교세를 확장했고, 귀정회歸正會는 하문에서, 침례회는 영파에서, 메이메이회(Methodist Episcopal Church, 중국어 음역은 미이미회美以美會)는 복주에서, 성도회는 천진에서, 내지회內地會는 항주에서, 기독회는 남경에서, 서화회는 하남에서, 신의회는 호북에서, 영미회는 사천에서, 협동회는 섬서에서, 성결회는 산서에서, 존도회는 호남에서, 자리회自理會는 운남에서 각각 활동하였다. 청 말까지 130여 종의 각기 다른 종파가 생겨나 전국으로 확산되어 전도활동을 벌였다.

이 기간 동안 전도사업에 제일 큰 공헌을 한 사람은 내지회의 허드슨 테일러Hudson Taylor(1832~1905, 중국어 음역은 대덕생戴德生)였다. 1865년 그는 어떤 종파의 파견이 아닌 자진해서 중국으로 왔다. 그는 중국 옷을 입고 중국 사람과 함께 살면서 각고의 노력 끝에 항주에 교회를 설립했다. 후에 남경, 진강鎭江, 양주 등지로 확장하여 끝내는 안휘, 호남, 산서, 절강, 몽고, 귀주 등에 이르기까지 그 활동 범위가 제일 컸다. 이리하여 50년 동안 신도들이 12만 명에 이르게 되었다.

당시의 전도방법은 구전전도 방법 외에도 아동교육에 치중하여 학교와 주일학교를 설립하였다. 일부 교파에서는 번역기관을 설립하여 교의를 선양하는 서적을 저작했고 서양 과학서

적을 번역했으며, 상당량의 전도사업에 쓰이는 소품을 발행했다. 또한 이들은 곳곳에 병원을 세워 질병을 치료했고, 구제사업과 기타 고아원과 맹아학교 등 자선기관을 운영했다. 교회는 곳곳에서 사람들의 호응을 얻어 신도 수는 나날이 증가하였다. 청 말까지 통계로 40여 만 명에 이른 것으로 미루어 보아 절정에 이르렀다고 할 수 있다.

기독교의 위기: 중국 전통과의 충돌

이렇게 흥성하던 기독교는 위기를 맞게 된다. 그 원인 중 하나는 기독교와 중국 전통과의 충돌이 빚어낸 결과였고, 다른 하나는 불평등조약에 기인한 것으로 교안教案(근대시기 외래종교와 중국전통의 충돌로 빚어진 일련의 종교사건)발생시 열강의 일방적 이익 때문이었다. 전자는 교회에서 선전하는 교의와 중국 고유의 풍속·습관 사이의 매우 큰 격차에서 비롯되었다. 즉, 교회 측에서 조상숭배·귀신·미신 등을 반대하고 남녀평등을 주장한 데서 비롯된 것이었다. 이는 중국 일반사회 사상과 정면으로 충돌하는 것이었다. 완고한 사람들은 기독교가 중국의 예교를 파괴하고 있다고 생각하였으므로, 일반사회와 교회 사이에는 상당한 위화감이 조성되었다.

이에 서양 선교사들을 보는 시각이 의구심으로 가득했고 그들의 거동에 또 다른 의도가 내재해 있을 것으로 생각했으며, 상당수의 유언비어들이 나돌고 심지어 외국의 정탐꾼들이라는 말까지 퍼졌다. 실제 불량한 선교사들이 있었던 것도 사실이었다. 그들은 중국 사회의 부정적인 측면과 국가 내막을 외국에 알려 중국의 국제적 지위에 악영향을 주었다. 여기에다 과거 전쟁으로 입은 손실로 인한 여파가 사회로 파급되자 원성이 더욱 높아져서 결국 의화단義和團 사건이 발생했다.

이런 것들을 완전히 교회 탓이라고 돌릴 수는 없지만, 교회도 전혀 관계가 없다고는 할 수 없다. 의화단사건은 본래 우직한 충성에 의해 발단된 것으로, 결과적으로 북방 교회는 상당한 탄압을 받았고 선교사와 신도 중 피살된 사람도 부지기수였다. 결국 8개국 연합군이 북경을 공략하여 청 정부는 항복하고 손해 배상을 해야만 했다.

또한 당시 기독교와 관련된 교안을 처리하는 과정에서 지방관은 선교사 및 그 배후에 대기하고 있는 열강의 개입을 두려워하여 교도에게 유리한 판정을 내리는 것이 흔히 있는 일이었다. 이에 대해 원세개袁世凱는 "교섭사건이 있으면 교민의 고소 혹은 선교사의 한 마디에 의거하여 바로 구속영장을 갖고 사람을 체포한다. 출정한 뒤에도 시비곡직을 가리지 않고 대개 양민을 억압하여 안이한 해결을 도모하기를 바란다"라고 말하고 있다.

이상의 두 요인은 의화단사건을 발생시키는 주요 원인이 되었고, 기독교는 의화단의 주요 공격의 표적이었다. 이러한 반기독교 정서는 중화민국 성립 후 불평등조약에 관한 문제를 교회의 탓으로 돌리는 여론이 형성됨으로써 또 한 차례 반교

운동이 발생했는데, 이는 의화단사건보다 더욱 거센 것이었다. 이로 인해 교회는 수년 동안 반대물결에 휘말려 활동이 거의 정지되었다.

기독교의 중국토착화와 사회적 역할

의화단 사건은 중국 기독교의 선교적인 측면에 하나의 큰 전기를 마련하는 계기가 되었다. 의화단사건 발생 이후 기독교 자체에서 성찰하는 움직임이 있었으며, 그 결과로 보다 유연한 방식으로 선교활동을 전개하여 다시 활기를 찾게 되었다. 이는 이전에는 전국 신도의 수가 8만 5천 명에 불과했으나, 이후부터 공산당이 집권하기까지 신도 수가 약 40만 명을 육박하게 된 것에서도 잘 나타난다. 또한 교회당의 보편화를 들 수 있다. 큰 도시에 종파가 다른 교회당이 서너 개 정도는 반드시 있었고 산간벽지나 해변의 작은 마을에도 작은 교회당 하나 정도는 없는 곳이 없었으며, 어디에서나 선교사의 발자취를 발견할 수 있었다. 종전에는 이교異敎라고 도외시하던 것을 그 당시에는 남녀노소를 불문하고 열렬히 믿은 것을 보면 선교사업이 얼마나 큰 성과를 거두었는지 알 수 있다. 또한 이 시기에는 서양인 선교사에서 현지인 선교사로 대체되어 갔는데, 이는 기독교의 중국 토착화현상의 초보단계라 할 수 있다.

기독교의 중국에서의 기여는 교육·번역·자선사업·사상 방면에서 두드러졌다.

처음에 기독교에서 설립한 학교는 그 자격을 신도들의 자제들로 제한했다. 어떤 학교는 전도사업을 담당할 인재와 교회 학교의 교사들을 전문적으로 양성하기 위해 설립되었다. 그 후 교육 자체가 전도사업이며, 전도사업에 도움이 된다는 사실을 인식하고 교회정책의 일환으로 그 대상을 점차 확대하였다. 당시 조사에 의하면 전국 교회 학교 중 대학은 16개, 중고등학교 231개, 초등학교 6,812개였고 학생 수는 337,744명에 달했다. 중국 내 다른 학교에서는 중국 고유의 학과에 치중하고 있을 때 이 교회 학교들은 영어·과학 등의 과목을 가르쳤으므로, 이 학교에서 배출된 인재들은 중국사회와 정치 방면에서 지도적인 역할을 담당하게 되었다.

번역사업은 기독교의 전도방법 중 제일 첫 번째에 해당하는 것이었다. 초기의 번역은 서양인들이 전담하다가 다음 단계로 서양인과 중국인의 합작 형태로 발전하였으며, 결국은 중국인이 전담하는 형태로 진행되었다. 번역사업을 담당한 서양 선교사 중 공헌이 큰 사람으로는 앞에서도 언급한 모리슨을 들 수 있다. 그는 『신구약성서』 『한영사전』 『영한문법입문』 『중문법정中文法程』 『오경사서택요간본五經四書擇要簡本』 등 모두 그 당시에 실용적인 책들을 만들었다. 모리슨 외에도 미린, 마틴William A. P. Martin(1827~1916, 중국어 음역은 정위량丁韙良), 네비우스John L. Nevius, 허드슨 테일러 등이 있었다. 처음에 서양선교사들이 저작한 책들은 모두 중국인이 받아 적은 것이었으나, 이후 점차 중국인들에 의해 저작이 이루어져 갔다. 협화서국協和書局의 『도서휘보圖書彙報』는 그 당시 교회서적을 27종으로 분류했는데 약 2,300여 권에 달한 것으로 미루어 보아 교회저작사업이 얼마나 활발했는지 알 수 있다.

교회의 자선사업으로는 우선 병원의 설립을 들 수 있다. 1836년에 파커Peter Parker(1804~1888, 중국어 음역은 피득백가彼得伯駕)는 광주에 중국 최초의 병원을 세웠다. 1861년에는 북경에도 교회병원이 세워졌고, 의화단사건 이후에는 병원의 설립이 더욱 많아져서 약 400개가 신설되었다. 뿐만 아니라 교회에서 양성해 낸 의사의 수도 매우 많았다. 쑨원(孫文) 역시 교회의학 출신의 의사였다. 병원 외에도 고아원, 맹아학교, 양로원, 동서친목회, 천족회, 적십자회 등은 모두 교회에서 발기하여 설립된 것으로서 후에는 차츰 지방인사들과 합작하기에 이르렀다. 기독교 교의 중 중요한 부분을 차지하는 게 구제사업이었기 때문에 자선사업에 대해서도 최선을 다했다.

기독교의 전파는 사상에도 많은 영향을 주었다. 비록 중국 전통과의 충돌로 인한 의화단사건과 같은 반기독교운동에 부딪히기도 했지만 그 영향은 큰 것이었다. 이러한 영향으로 크게는 미신타파, 신윤리사상, 정치혁명, 사회봉사, 동서학술교류의 교량적인 역할 등을 들 수 있고, 작게는 우상숭배, 조상숭배, 귀신숭배, 풍수지리, 점성술, 복점 등등의 전통적 종교사상에 가한 타격을 들 수 있다.

그리고 기독교의 평등사상은 중국고유의 계급적 윤리관에 막대한 영향을 주었다. 기독교에서는 효도를 얘기할 때 자식의 의무를 강조하는 동시에 부모의 책임도 중시한다. 남편과 아내는 평등하고 일부다처를 반대하며 첩들은 절대 용납되지 않는다. 남녀평등, 혼인자유, 핵가족제도의 제창은 종법宗法사회의 기강을 흔들어 놓았다.

정치혁명은 외형적으로 보면 종교와는 아무런 상관이 없는 듯하나 실제로는 역시 평등사상의 영향을 받았다. 왜냐하면 계급타파와 대동세계는 기독교의 근본사상이었기 때문에, 모든 사회문제와 정치문제에서 야기된 운동은 바로 이 평등사상에서 출발한 것이었다.

사회봉사는 기독교가 100여 년 동안 추진한 주요사업이었다. 그들은 학교를 세워 가난한 사람을 교육시키고 병원을 세워 질병을 치료해 주는 등 모든 사회공익사업에 최선을 다했고, 일반 선교사들의 하층계급 시민들을 위한 봉사는 일반사회 사상에 상당한 영향을 주었다. 동서학술교류 측면에 대해서는 앞서 언급했듯 초기 기독교에서 사용했던 알기 쉬운 문자와 백화성경은 중국문자혁명의 선구자적 역할을 담당했다고 볼 수 있고 기독교에서 설립한 학교, 교과목, 서양서적의 번역들은 모두 중국 학술계에 새로운 변혁을 가져왔다고 할 수 있다.

중화인민공화국 수립과 기독교의 수난

의화단사건 발생 이후 기독교 자체의 성찰에 따른 결과로 기독교와 선교활동이 다시 활기를 찾았으나, 1915년부터 시작된 신문화운동과 함께 서구사상 특히 과학사상이 팽배해져 종교를 신화와 미신으로 치부하는 풍조가 사회에 만연하였다. 또한 각종 열강, 그중에서도 일본의 침략이 가속화되고 국공내전시기를 거치면서 중국은 혼란기에 빠졌다. 결국 제2차 세계대전의 종결과 함께 일본이 물러가고 공산당의 승리로 내전이 끝나 통일된 신중국이 성립되었다. 그러나 종교 자체를 부인하는 공산당에 의한 정부 탄생으로 기독교는 기타 다른 종교와 함께 심각한 위기를 맞게 되었다. 급기야 1951년에는 서양선교사가 모두 축출되었다.

1951년 중국공산당은 각급 정부 내에 종교사무부를 설치하고 각 종교 내에 대리인을 선출하여 완전히 통제 가능한 종교조직을 결성하기 시작하였다. 이에 중국기독교삼자애국운동위원회(1954)가 결성되었는데, 이는 기독교가 어용적으로 바뀌었음을 의미한다. 그러나 모든 기독교인들이 삼자교회에 등록된 것은 아니었다. 이들은 '가정교회家庭敎會'의 형식으로 지속적인 활동을 하였다.

중국공산당은 어용적 종교조직을 통해 전국의 종교사원을 조사하여 종교계에 대한 조사와 통제를 완성하였다. 1957년 '대약진운동' 실시로 각 개인들이 동원되어 경제생산에 투입되었는데 목사 또한 예외가 아니었다. 이러한 생산활동에 참가하지 않는 종교는 공개적인 종교활동이 금지되었다. 대약진운동의 정책 아래 정치경제정책의 격렬한 변화로 중국공산당의 종교정책은 소멸정책으로 변하였다. 이에 각 교회의 재산이 몰수되었고, 정상적인 종교활동이 이루어질 수 없게 되었다.

개혁개방과 기독교의 활성화

종교탄압이 최고조에 달한 문화대혁명 시기에는 각 지역의 홍위병들이 각 교회당에 들어가 건물을 부수고 경전을 태우는 등 성경 읽기·기도·예배활동을 모두 금지시켰다. 이에 중국에서의 공식적인 신앙활동은 이루어질 수 없게 되었다.

이러한 종교억압정책은 개혁개방 정책 결정과 더불어 약화되었다. 1978년 제11기 3중전회에서는 종교정책에 있어서 문화대혁명 이전과 같은 온건노선을 결정하였으며, 제한적으로 종교의 존재를 인정하였다. 같은 해 12월에는 전국종교업무좌담회(全國宗敎工作座談會)를 열어 각 종파의 의견을 듣고 건전한 종교업무기구 회복과 종교단체활동을 결정하였다. 이에 각 교회가 재건되었고 종교조직이 회복되었으며 종교학교가 재건되었다. 또한 성직자가 각 교회당을 담당할 수 있게 되었으며 기독교경전이 인쇄·발행되었고, 『천풍天風』이라는 월간지가 간행되었다.

1979년 9월 중국기독교삼자애국운동위원회는 활동을 회복하였고, 각 지역의 교회와 하방下放(마오쩌둥 시기 간부나 지식인들의 노동을 통한 사상개조를 위해 공장이나 농촌 등지로 보내는 것)시킨 목사를 교회로 복귀시켜 기독교의 소생을 알렸다. 또한 중국공산당은 구예배당을 개방하여 삼자애국교회에 돌려주었다.

중국기독교삼자애국운동위원회는 1980년에 새롭게 수정된 조직장정을 통해 '애국애교'를 강조하였고, "정부의 종교신앙 자유정책에 협조하고, 교회의 합법적 권익과 국가안정의 보호를 위해, 사회주의물질문명과 정신문명 건설을 위해, 조국통일 실현을 위해서 그리고 국가 간 우호적 왕래를 촉진시키고 세계평화를 보호하기 위해 공헌"할 것을 결의하였다.

가정교회 기독교인의 대부분은 애국교회가 중국공산당의 종교도구라고 여기고 있어 등록을 거부했으며 삼자교회에 가입하려 하지 않아 종종 지방간부가 신도를 구류·징병·박해하는 구실을 제공하였다. 반면에 당국은 가정교회가 해외교회와 연결되어 있어 국제관계를 고려하여 강한 탄압을 하지 않고 있었다. 전체적으로 기독교는 개혁개방 이후 급속히 성장했으며, 1992년에는 삼자교회가 6천5백 개의 교회당과 2만 개의 집회장소 및 600만 신자수를 보유하고 있었고, 가정교회는 6천만 신자를 가지고 있었다. 1997년에는 삼자교회가 1천만에서 1천5백만 명, 가정교회가 6천만에서 8천만 명에 이르는 것으로 추정됐다.

현대 중국의 신종교 : 파룬궁

파룬궁을 어떠한 조직으로 규정할 것인가? 이에 대해 중국 정부는 '사교邪敎'라 하여 종교영역에 포함시키는 반면, 파룬궁 측은 순수한 기공단체일 뿐이라고 주장한다.

그러나 파룬궁단체가 종교의 구성요소를 갖추고 있고, 아울러 여러 종교의 교의가 가미된 새로운 교의를 갖고 있다는 면에서 그리고 공산당이 주장하는 만큼 사교적 성질을 갖고 있지 않다는 면에서 파룬궁은 파룬궁 측이 주장하는 순수한 기공단체도, 중국 정부가 주장하는 사교도 아닌 '신종교'라고 보는 것이 타당하다고 할 수 있다.

파룬궁은 일종의 기공氣功으로, 윤회사상 등 불교·도교·신비주의적인 색채가 가미되어 있는 것이 특징이다. 파룬궁의 창시자인 리홍즈(李洪志)는 '진眞·선善·인忍'의 3가지 덕목을 강조하면서 "진실하고 선량한 인품을 닦으면서 참고 사는 것이 덕성을 높이고 건강을 유지하는 길"이라고 설법한다. 또한 덕德과 업業의 상호 대립하는 두 가지 덕목을 강조한다. 그는 사람들이 병에 걸리거나 어려움을 겪는 이유가 전생에 지은 '업' 때문이라고 한다.

리홍즈는 대법을 강론할 때 계속해서 사람들의 복부에 파륜(法輪)을 집어넣는다고 하는데, 파륜이 정방향으로 돌면 우주로부터 에너지를 흡수할 수 있어 몸이 세속을 초월하게 되고, 역방향으로 돌면 에너지가 방출되어 주위 사람들이 구원을 얻도록 돕는다고 한다. 파룬궁을 수련하면 바로 이 파룬의 힘을 빌려 덕의 수련을 높이고 업을 씻어서 몸이 정화되고 건강해지는 것은 물론이고, 최후에는 깨달음을 얻어 영혼이 죽지 않고 극락세계에 이른다고 한다.

창시자 리홍즈

창시자 리홍즈 개인에 대한 평가는 중국 정부의 입장과 파룬궁 단체의 입장이 사뭇 다르다. 중국 정부는 리홍즈를 '기만인이자 사기꾼'으로 간주하고 있는데, 중국 정부의 발표에 따르면 리홍즈는 1952년 7월 7일생으로 중학교를 졸업한 뒤 1970년부터 1978년까지 인민해방군 총후근부 201부대와 삼림경찰대에서 나팔수 등으로 복무했다. 그리고 1978년부터

1982년까지는 삼림경찰대 소속 초대소의 종업원으로 일하다가, 1982년 이후에는 장춘長春 식량석유회사에서 경비원으로 근무했고, 1991년부터 본격적으로 기공에 몰입, 파룬궁의 이론 체계를 갖춘 뒤 1992년부터 설법에 나섰다. 이후 북경에 진출해 파룬궁 총본산인 파룬대법연구회를 설립했다.

반면 파룬궁 측의 평가에 따르면 리훙즈는 1951년 5월 13일(음력 4.8) 길림성吉林省 공주령公主領시 출생으로, 4살 때 이미 전각법사라는 인물에게 진·선·인 법문을 전수받아 8살에 상승대법을 얻어 물건을 자유자재로 옮기고 몸을 숨기는 신통력을 얻었고, 우주의 진리를 깨달아 인생에 대한 통찰은 물론 인류의 과거와 미래를 꿰뚫어볼 수 있게 되었다고 한다.

중국 당국의 발표와 파룬궁연구회 쪽의 주장 모두 사실 여부를 확인하기가 어렵다. 어찌되었건 1997년, 정부의 단속을 피해 미국으로 건너가 현재 뉴욕에 거주하고 있는 리훙즈는 세계적인 인물로 부상하였다. 중국의 파룬궁 추종자들이 리훙즈에 대해 보이고 있는 경외심과 신앙은 상상을 초월한다. 대부분의 파룬궁 추종자들은 당국에서 발표하는 리훙즈의 경력은 모두 표면적인 것에 불과하며, 이를 통해 그의 내면세계를 어떻게 알 수 있겠느냐고 반박하고 있다. 또한 그들은 리훙즈를 직접 만나보지 못하고서도 그의 법신을 보았다고 주장하기도 하며, 심지어는 그가 늘 자신의 곁에 머물러 있다고 믿고 있다. 그가 설법할 때는 머리 위에 금빛 원광이 나타나고 수없이 많은 이적을 행했다는 소문이 꼬리에 꼬리를 문다. 실제로 이런 인식에는 리훙즈 본인의 저서가 큰 역할을 하고 있는데, 그 책들은 일관되게 리훙즈의 초인적 능력을 강조하고 그와 관련된 행적들을 신비화하고 있다.

파룬궁의 조직결성과 확산

리훙즈는 1992년 파룬궁을 전파하기 시작하면서, 곧바로 북경에 중앙 조직인 '파룬대법연구회'를 결성하여 회장이 되었다. 그 후 중국 전국 각지 연구회 밑에 총지부(파룬궁 교육본부) 39개를 설립하고 1천9백여 지부(파룬궁 지도소)와 2만 8천여 소단위조직(수련장)을 세워 완벽한 조직체계를 구축했다. 그리고 전화와 팩스, 컴퓨터 통신망 등을 이용해 중국 전역에 걸쳐 파룬궁 조직을 지휘했다.

중국 정부는 파룬궁의 수련자 수가 200만에서 300만 정도에 이른다고 발표했지만, 파룬궁 측은 해외 수련자까지 포함해서 7천만에서 1억 명에 이른다고 주장한다. 주로 중년 여성이 많으나, 중국 지식인과 정치인들도 상당수 있는 것으로 알려져 있다.

이렇게 파룬궁이 중국에서 급속하게 퍼져나갈 수 있었던 이유는 무엇인가? 우선 파룬궁은 중국인들에게 익숙한 불교와 도교의 혼합을 통한 정신적 명상과 전통적 기공양식을 통해 시장경제의 도입 속에서 가치적 혼란과 이데올로기의 공백상태를 메워주는 역할을 한 것으로 보인다. 급격한 근대화가 가져다주는 다양한 현상 가운데 파룬궁사건은 정부 이데올로기에 더 이상 환상을 가지지 않는 대다수 사람들이 선택할 수 있는 공간이 될 수 있기 때문이다.

또 하나는 파룬궁이 건강과 치유에 큰 관심을 가지고 있고 이를 사수하고자 하는 노년인구들이 수련자의 주를 이루고 있다는 점이다. 이들은 정부의 공공서비스로는 노년의 건강을 기탁할 수 없다고 생각하기 때문에 이를 파룬궁을 통해 해결하려는 것으로 보인다.

파룬궁이 대중적 기반을 가진 또 하나의 원인은 리훙즈를 중심으로 한 수련본부와 수련장이 있고 수련을 담당하는 지도자가 있어 이들이 리훙즈의 책이나 비디오, 카세트테이프의 보급을 통해 수련을 실시하고 있다는 점과 인터넷이나 이메일을 통한 대중과의 접촉이 용이했다는 점이다.

파룬궁과 중국 정부의 대립

이렇게 급속하게 퍼진 파룬궁의 확산과정은 중국 정부와의 끊임없는 갈등의 연속이라고 할 수 있다.

파룬궁은 1999년 4월 시위 이전부터 중국 정부에 의해 주목받기 시작했다. 1997년 공안부는 중국 전역에 파룬궁 수련자가 수백만 명으로 늘어나고 있고 파룬궁이 심신단련보다는 종교적 색채를 띠고 있다는 이유로, 내부 통지문을 통해 파룬궁에 대한 감독강화와 각 출판사가 파룬궁을 소개하는 서적을 출판하지 못하도록 하였다. 1998년에 이르러 CCTV나 『중국 청년보』 등의 관영통신들이 잇달아 파룬궁에 대한 부정적 보도를 하자 수련자들 1만여 명이 1999년 4월 25일, 중남해 주변에서 파룬궁에 대한 정당한 보도를 요구하며 시위를 벌였다.

이러한 사건은 1989년 천안문사건天安門事件 이후 꼭 10년 만에 발생한 것이다. 이날 파룬궁 수련자들은 중국의 고위관리들이 머무는 북경 중남해中南海 외곽에서 1만여 명이 모여 기공의 일종인 파룬궁의 합법화를 요구하며 침묵시위를 벌였다. 시위대들은 "일부 지역의 정부 관리들이 파룬궁을 종교나 미신으로 보지만, 이는 종교가 아니며 호흡조절과 명상 등을 통해 건강을 가져다주는 도덕의 한 체계"라고 주장하면서 합법화를 요구했다.

이에 중국 당국은 "기공수련을 막지는 않지만, 기공의 이름을 빌려 미신이나 유언비어를 유포하고 사회안정을 해치는 행위는 용납하지 않을 것"이라고 경고하였고, 「인민일보」는 6월 21일에 "과학을 숭상하고 미신을 타파하자"는 제목의 사설을 통해 "최근 몇 년 사이에 미신이 급속히 고개를 들어 일부 당 간부들까지 미신을 믿는 등 유심주의唯心主義의 포로가 되고 있다"고 지적하고 "미신과 싸워 이기려면 마르크스주의와 유물론 사상의 기치 아래 과학학습을 더욱 강화해야 한다"고 강조했다.

이후 7월 19일 중공중앙은 「공산당원의 파룬궁 수련 금지에 관한 통지(關於共産黨員不准修煉"法輪大法"的通知)」를 발표하여 "파룬궁의 교리는 마르크스주의 기본이론 및 기본원칙과 근본적으로 대립된다"고 지적하고, 당원들에게 파룬궁 수련활동에 일절 가담하지 말도록 경고하는 한편 가입자들은 즉각 탈퇴할 것을 촉구하였다. 그럼에도 불구하고 시위가 지속적으로 일어나자 중국 정부는 1999년 7월 22일, 기공과 종교가 혼합된 파룬궁 수행활동을 불법으로 규정하고 활동을 금지한다고 공식 발표했다. 다음날인 23일 「인민일보」는 사설을 통해 '파룬궁 문제는 엄연한 사상 정치투쟁'이라고 규정하고, 리훙즈가 조직적으로 중국공산당과 정부에 대항하는 정치세력으로의 성장을 기도했다고 비난했다.

당국이 파룬궁을 불법화하자 관영 CCTV는 파룬궁의 폐해를 부각시키고 파룬궁의 창시자인 리훙즈의 정체를 폭로하는 프로그램을 잇달아 방영하였다. 이에 리훙즈는 미국에서 성명을 내고 "중국 내 추종자들이 더 심한 박해를 받을 것으로 염려된다"며 "그렇게 되면 1989년 6·4천안문사건과 같은 유혈사태가 발생할지도 모른다"라고 하면서 중국 당국에 불법화조치를 철회할 것을 요구하였다. 중국 정부가 파룬궁을 불법으로 규정하고 그 활동을 금지했음에도 불구하고, 북경과 홍콩에서는 일부 파룬궁 추종자들이 계속해서 기공 수련을 했다.

리훙즈는 「뉴욕타임스」와의 회견에서 "파룬궁은 조직이 아니고 정치적인 야망도 없다"며 "중국 정부와 공식적인 대화를 갖고 싶다"고 말했다. 반면 전국인민대표대회와 인민해방군 등 중국의 여러 단체들은 정부의 파룬궁 활동금지조치를 지지

하는 담화문을 발표하였으며, 중국 정부는 체포된 파룬궁의 핵심 인물들을 공공질서 교란·국가안보 위협 및 사기 등의 혐의로 기소하였다. 또한 중국당국은 정부관리 2명을 포함해서 파룬궁 수련자 5천 명을 구금하였으며, 잘못을 뉘우치고 조직에서 탈퇴를 서약할 경우 석방될 수 있으나 그렇지 못할 경우 사회질서 교란이나 정부전복 등의 혐의로 처벌될 것이라고 했다.

급기야 중국 정부는 리훙즈를 체포하라고 군경에 명령하였다. 혐의는 리훙즈가 허가 없이 집회와 시위 등을 조직한 "공공질서를 교란시킨 범죄"라면서 중국 관영언론들은 파룬궁으로 인해 수련자 중 최소 16명이 사망했다며 폐해를 부각시켰으나, 리훙즈는 자살 및 살인행위는 파룬궁과는 관련이 없고 파룬궁이 정치적 목적을 띤 조직도 아니라면서 정면으로 부인하였다.

같은 해 10월, 지앙쩌민(江澤民) 주석이 영국·프랑스·포르투갈 등 유럽을 순방하는 동안에 중국당국의 인권탄압에 항의하는 시위가 벌어졌는데, 이러한 시기에 중국당국은 파룬궁 금지법안 제정을 추진하였고, 10월 30일에 전국인민대표대회는 '사교금지법邪敎禁止法'을 통과시켰다. 전국인민대표대회가 법을 개정하자 검찰은 즉각 파룬궁 수련자들을 무더기로 기소하였다.

2000년 4월 25일 파룬궁 시위 1주년을 앞두고 천안문에서는 매일 40~50명의 파룬궁 수련자들이 공안公安(경찰에 해당)당국에 체포되었으며, 25일 당일에는 천안문광장 일대에서 기습시위를 벌였다. 파룬궁 수련자들은 이날 수십 명 단위로 천안문광장 주변으로 모인 뒤 광장으로 뛰쳐나와 파룬궁 지지 깃발을 펼치거나 가부좌를 틀고 수련자세를 취하였다. 그러나 광장부근에서 대기 중이던 경찰이 즉각 시위대 해산 및 연행에 나서 적어도 95명의 수련자들이 체포되었다. 또한 석가탄신일과 겹친 리훙즈의 생일에 천안문광장에서 파룬궁 지지자들의 산발적인 시위가 벌어졌다. 그러나 시위는 중국 공안의 신속한 대응으로 즉각 제압되었으며, 이 과정에서 약 200명의 시위대가 체포되었다.

당국의 계속된 진압에도 파룬궁의 시위가 수그러들지 않자, 중국은 반체제단체 정보교환의 차단 목적으로 인터넷 규제를 강화했다. 이러한 온라인 뉴스 규제안은 민간 웹사이트는 물론 국영 매체가 운영하는 웹사이트에도 적용되며, 논란이 될 내용을 포함한 전자게시판이나 채팅사이트도 모두 규제 대상에 포함되었다. 이후 지앙쩌민 주석은 파룬궁이 국가 최고권력에 공공연히 도전한다며 전국 지방정부와 공안조직에 ①파룬궁 조직을 완전 분쇄할 것, ②정치성 유언비어를 집중 단속할 것, ③인터넷 논단을 폐쇄할 것을 지시하였다. 이에 딩꾸안껀(丁關根) 선전부장은 "인민일보가 운영중인 「강국논단强國論壇」을 제외한 전국의 모든 인터넷 논단을 폐쇄하라"는 지시를 내렸다.

이후 파룬궁 수련자들은 7월 22일 이 단체의 불법화 1주년을 맞아 천안문광장에서 산발적으로 시위를 벌였으며, 10월 1

일에는 파룬궁 신도 1천 수백 명이 건국기념일을 맞아 감시와 경비가 삼엄한 북경 천안문광장에서 최대 규모의 항의 시위와 집회들을 벌였다. 중국당국은 인민해방군, 무장경찰, 정·사복 경찰 등 약 1천 명을 시위와 집회해산에 투입해 대부분을 체포했다.

이 시기에 홍콩의 중국인권단체인 중국 인권민주운동 정보센터에 의하면 중국 정부의 파룬궁 불법화 이후 파룬궁 지도자와 수련자 450명이 18년의 징역형에 처해졌으며, 600명이 정신병원에 강제로 입원되었고, 1만 명이 노동수용소에 수용되었으며, 2만 명이 구치소에 수감되어 있다고 밝혔다.

또한 2001년 1월 25일에는 파룬궁 수련자로 추정되는 5명이 천안문광장에서 분신자살하는 사건이 발생했다. 이에 중국 정부는 매체를 통한 공세를 늦추지 않았고, 리훙즈에 관한 서적과 파룬궁을 겨냥한 사교 비난 서적을 대폭 출판하였다. 반면 파룬궁 단체의 해외 조직인 파룬대법 정보센터는 분신을 기도한 5명이 수련 시의 손 모양이 다른 것을 근거로 파룬궁 수련자가 아니며, 파룬궁은 이번 사건과 무관하다고 주장하였다. 아울러 "파룬궁의 경서가 자살을 포함해 어떠한 형식의 살생도 금지하고 있으며 리훙즈도 '자살'을 범죄로 규정한 바 있다"면서 "중국 관영 신화통신은 분신자들을 파룬궁 수련자로 매도했으나 사실이 아니며, 정부 당국이 날조한 것"이라고 강조했다.

이후에도 파룬궁은 중국 고위당국자가 가는 곳이면 세계

각지에서 파룬궁 합법화 항의시위를 하였다. 2000년 10월 한국에서 아시아유럽정상회의(ASEM)를 개최했을 때와 대만에서의 촛불시위 그리고 2001년 5월 지앙쩌민 국가주석의 홍콩 방문시 항의시위, 2002년 월드컵 경기 중에는 중국대표팀 경기마다 엄청난 수의 관객으로 입장하여 세계 언론을 통해 중국 정부에 항의, 이후 부산에서 개최된 아시안게임 경기에서 "파룬궁 좋아요!(法輪大法好!)"라는 피켓을 들고 중국 정부의 탄압에 저항하는 등 지속적인 항의 활동을 전개하고 있다.

이후에도 중국 정부와 파룬궁 간의 대립은 지속되었지만, 표면상으로는 중국 정부가 파룬궁을 완전히 제압한 것으로 보인다. 그러나 신념에 기반한 단체의 활동은 통상 쉽게 잠잠해지지 않는다는 것을 감안하면, 앞으로 중국 정부와 파룬궁의 관계가 어떠한 형식으로 결말이 날지 귀추가 주목된다.

이상에서 중국의 5대 종교와 신종교인 파룬궁에 대해서 간략하게 살펴보았다. 이러한 종교가 현대 중국에서 갖는 의미는 무엇인가?

중국은 사회주의 혁명으로 인해 서방을 중심으로 하는 자본주의 국가와는 확연히 다른 특징을 가지고 있다. 통상 산업화에 따른 종교의 세속화가 일반적인 데 반해, 중국은 산업화 혹은 종교에 의한 사회주의 이데올로기의 '세속화'라고 할 수 있다. 이런 측면에서 향후 중국에서의 종교활동의 활성화 여부는 사회변동에 지대한 영향을 줄 것이다. 사회주의 이데올로기의 세속화 영향 중 하나인 파룬궁과 같은 사건은 서막에 불과할지도 모른다.

중국에서의 종교는 중국 사회를 가늠할 수 있는 여러 요소 중 중요한 한 축을 이루게 될 것이다.

1) 귀졸은 초신자에 해당하고, 좨주는 종교의식 주관자에 해당한다.

2) 이후에 천사도가 변하여 상청파 등과 융합하여 원 대덕 8년(1304)에 정일파正一派로 통합되었다.

3) ①서주(西周) 목왕穆王 때에 전래되었다는 설, ②공자가 불교를 알고 있었다는 설, ③아육왕의 불탑건립설, ④석리방釋利房 전래설, ⑤전한 무제의 금인예배설, ⑥유향劉向이 불전을 보았다는 설, ⑦이존의 불교구수설, ⑧후한 명제의 영평 10년설 등이 있으나 ④⑤⑦⑧, 그중에서도 특히 ⑦⑧의 설이 가장 많이 통용되고 있다.

4) 불상을 가마에다 안치하여 성 안을 순행하면서 불상을 향해 분향하는 행사이다.

5) 원래 라마교는 서장불교西藏佛敎였다. 서장에서는 당 태종 무렵(7세기) 송찬강보왕松贊岡保王 때 불교가 전래되어 그의 열성적인 보호에 의해 크게 번창하게 되었다. 약 100년이 지나 북인도 유가파의 파드마삼블라바Padmasamblava(연화장)가 서장으로 와서(749), 서장 재래의 본Bon교와 융합해서 일종의 독특한 밀교적 불교를 개창했다. 라마는 '무상자無上者'라는 의미로 덕이 높은 승려에 대한 존칭이다. 이것이 마침내 일반승려에게까지 사용되었던 것이며, 라마를 신봉하는 불교를 라마교라 부르게 되었다. 이렇게 하여 서장의 라마교는 대단한 세력으로 발전하고 그 수장은 정권에도 참여했다. 정교의 두 방면에 걸쳐 실권을 잡게 되었던 것이다. 원대에 라마교를 수입한 것은 세조 때이며, 당시 서장 라마교의 수장인 파스파Phags-pa(팔사파八思巴)가 전파하였다. 세조가 즉위한 중통 원년(1206)에 파스파를 몽고 왕실에 불러 황제의 스승으로 삼고 왕인王印을 주어서 불교를 통할하게 했다.

6) 한편 청해 순화의 사랄족이나 신강 위구르 자치구의 위구르족도 중국 내의 이슬람교도인데, 종족적으로는 터키계이며 중국 회민과는 다른 민족이다.

7) 페르시아 지역의 주 종교인 이슬람교 역시 예수를 하나님의

아들이 아닌 선지자로서 간주한다는 측면에서 유사하다고
할 수 있다.

8) 총 9권으로 이루어진 소책자로서 예수보다 여호와를 더 강조
하였고, 특히 유일신의 전지전능성, 죄악과 우상숭배에 대한
비난, 구원과 파멸의 극단적 대비가 두드러지게 서술되었다.
한편 홍수전은 본서의 삼위일체를 완전히 곡해하여 '천부天
父, 천형天兄-예수, 천왕天王-홍수전'이라는 새로운 삼위일체
론을 만들어 태평천국운동을 일으켰다.

중국 종교의 역사 도교에서 파룬궁까지

펴낸날	초판 1쇄 2006년 11월 30일
	초판 3쇄 2019년 2월 22일

지은이	박종우
펴낸이	심만수
펴낸곳	(주)살림출판사
출판등록	1989년 11월 1일 제9-210호

주소	경기도 파주시 광인사길 30
전화	031-955-1350 팩스 031-624-1356
홈페이지	http://www.sallimbooks.com
이메일	book@sallimbooks.com

ISBN	978-89-522-0586-5 04080
	978-89-522-0096-9 04080(세트)

384 삼위일체론

eBook

유해무(고려신학대학교 교수)

기독교에서 믿는 하나님은 어떤 존재일까? 성부 하나님과 성자 예수, 그리고 성령이 계시며, 이분들이 한 하나님임을 이야기하는 삼위일체론은 기독교 교회가 믿고 고백하는 핵심 교리다. 신구약 성경에 이 교리가 어떻게 나타나 있으며, 초기 기독교 교회의 예배와 의식에서 어떻게 구현되었고, 2천 년 동안의 교회 역사를 통해 어떤 도전과 변화를 겪으며 정식화되었는지를 일목요연하게 정리했다.

315 달마와 그 제자들

eBook

우봉규(소설가)

동아시아 불교의 특징은 선(禪)이다. 그리고 선 전통의 터를 닦은 이가 달마와 그에서 이어지는 여섯 조사들이다. 이 책은 달마, 혜가, 승찬, 도신, 홍인, 혜능으로 이어지는 선승들의 이야기를 통해 선불교의 기본사상을 이해하도록 돕는다.

041 한국교회의 역사

eBook

서정민(연세대 신학과 교수)

국내 전체인구의 25%를 점하고 있는 기독교. 하지만 우리는 한국 기독교의 역사에 대해서 너무나 무지하다. 이 책은 한국에 기독교가 처음 소개되던 당시의 수용과 갈등의 역사, 일제의 점령과 3·1운동 그리고 6·25 전쟁 등 굵직굵직한 한국사에서의 기독교의 역할과 저항, 한국 기독교가 분열되고 성장해 왔던 과정 등을 소개한다.

067 현대 신학 이야기

eBook

박만(부산장신대 신학과 교수)

이 책은 현대 신학의 대표적인 학자들과 최근의 신학계의 흐름을 해설한다. 20세기 전반기의 대표적인 신학자인 칼 바르트와 폴 틸리히, 디트리히 본회퍼, 그리고 현대 신학의 중요한 흐름인 해방신학과 과정신학 및 생태계 신학 등이 지닌 의미와 한계가 무엇인지를 친절하게 소개하고 있다.

099 아브라함의 종교 유대교기독교이슬람교 eBook

공일주(요르단대 현대언어과 교수)

이 책은 유대교, 이슬람교, 기독교가 아브라함이라는 동일한 뿌리에서 갈라져 나왔다는 점에 주목한다. 저자는 이를 추적함으로써 각각의 종교를 그리고 그 종교에서 나온 정치적, 역사적 흐름을 설명한다. 이스라엘과 팔레스타인으로 대변되는 다툼의 중심에는 신이 아브라함에게 그 땅을 주겠다는 약속이 있음을 명쾌하게 밝히고 있다.

221 종교개혁 이야기 eBook

이성덕(배재대 복지신학과 교수)

종교개혁은 단지 교회사적인 사건이 아닌, 유럽의 종교 · 사회 · 정치적 지형도를 바꾸어 놓은 사건이다. 이 책은 16세기 극렬한 투쟁 속에서 생겨난 개신교와 로마 카톨릭 간의 분열을 그 당시 치열한 삶을 살았던 개혁가들의 투쟁을 통해 보여 주고 있다. 마르틴 루터, 츠빙글리, 칼빈으로 이어지는 종파적 대립과 종교전쟁의 역사들이 한 편의 소설처럼 펼쳐진다.

263 기독교의 교파

남병두(침례신학대학교 교수)

하나의 교회가 역사적으로 어떻게 다양한 교파로 발전해왔는지를 한눈에 보여주는 책. 교회의 시작과 이단의 출현, 신앙 논쟁과 이를 둘러싼 갈등 등이 파노라마처럼 펼쳐진다. 사도행전에 나타난 교회의 시작과 이단의 출현에서부터 초기 교회의 분열, 로마가톨릭과 동방정교회의 분열, 16세기 종교개혁을 지나 18세기의 감리교와 성결운동까지 두루 살펴본다.

386 금강경

곽철환(동국대 인도철학과 졸업)

『금강경』은 대한불교조계종이 근본 경전으로 삼는 소의경전(所依經典)이다. 『금강경』의 핵심은 지혜의 완성이다. 즉 마음에 각인된 고착 관념이 허물어져 어디에도 집착하지 않는 상태를 말한다. 이 책은 구마라집의 『금강반야바라밀경』을 저본으로 삼아 해설했으며, 기존 번역의 문제점까지 일일이 지적해 독자들의 이해를 돕고자 했다.

013 인도신화의 계보   eBook

류경희(서울대 강사)

살아 있는 신화의 보고인 인도 신들의 계보와 특성, 신화 속에 담긴 사상과 가치관, 인도인의 세계관을 쉽게 설명한 책. 우주와 인간의 관계에 대한 일원론적 이해, 우주와 인간 삶의 순환적 시간관, 사회와 우주의 유기적 질서체계를 유지하려는 경향과 생태주의적 삶의 태도 등이 소개된다.

309 인도 불교사 붓다에서 암베드카르까지   eBook

김미숙(동국대 강사)

가우타마 붓다와 그로부터 시작된 인도 불교의 역사를 흥미롭고도 일목요연하게 정리한 책. 붓다가 출가해서, 그를 따르는 무리들이 생겨나고, 붓다가 생애를 마친 후 그 말씀을 보존하기 위해 경전을 만드는 등의 이야기들이 한눈에 들어온다. 또한 최근 인도에서 다시 불고 있는 불교의 바람에 대해 소개한다.

281 예수가 상상한 그리스도

김호경(서울장신대학교 교수)

예수가 그리스도라는 것은 어떤 의미인가? 이 책은 신앙적 고백과 백과사전적 지식 사이에서 현재 예수 그리스도가 가진 의미를 묻고 있다. 저자는 이러한 문제의식을 바탕으로 예수가 보여준 질서와 가치가 우리와 얼마나 다른지, 그를 따르는 것이 왜 우리에게 익숙하지 않은 일인지를 보여주고 있다.

346 왜 그 음식은 먹지 않을까   eBook

정한진(창원전문대 식품조리과 교수)

세계에는 수많은 금기음식들이 있다. 유대인과 이슬람교도들은 돼지고기를 먹지 않고, 힌두교도의 대부분은 소고기를 먹지 않는다. 개고기 식용에 관해서도 말들이 많다. 그들은 왜 그 음식들을 먹지 않는 것일까? 음식 금기 현상에 접근하는 다양한 방식을 통해 그 유래와 문화적 배경을 살펴보자.

eBook 표시가 되어있는 도서는 전자책으로 구매가 가능합니다.

㈜살림출판사
www.sallimbooks.com
주소 경기도 파주시 문발동 522-1 | 전화 031-955-1350 | 팩스 031-955-1355